PAUL DESCHANEL

DE L'ACADÉMIE FRANÇAISE
DÉPUTÉ D'EURE-ET-LOIR

PAROLES FRANÇAISES

DEUXIÈME MILLE

PARIS
BIBLIOTHÈQUE-CHARPENTIER
EUGÈNE FASQUELLE, ÉDITEUR
11, RUE DE GRENELLE, 11

1911

PAROLES FRANÇAISES

OUVRAGES DE M. PAUL DESCHANEL

Orateurs et Hommes d'État, 1888 (10e édition). *Ouvrage couronné par l'Académie française* .... 1 vol.

Figures de Femmes, 1889 (7e édition). *Ouvrage couronné par l'Académie française* .... 1 vol.

Figures littéraires, 1890 (5e édition) .... 1 vol.

Questions actuelles, 1891 (3e édition) .... 1 vol.

La Décentralisation, 1895 .... 1 vol.

La Question sociale, 1898 (12e édition) .... 1 vol.

La République nouvelle, 1898 (8e édition) .... 1 vol.

Quatre ans de Présidence, 1902 (4e édition) .... 1 vol.

L'Idée de Patrie, deux discours à la Chambre des Députés, 1905 .... 1 broch.

Politique Intérieure et Etrangère, 1906 (7e édition) .... 1 vol.

A l'Institut, 1907 .... 1 vol.

L'Organisation de la Démocratie, 1910 (3e mille). 1 vol.

Hors des Frontières, 1910 (3e mille) .... 1 vol.

La Question du Tonkin, 1883 .... 1 vol.

La Politique française en Océanie, à propos du canal de Panama, 1884. *Ouvrage couronné par la Société de Géographie commerciale* .... 1 vol.

Les Intérêts français dans l'Océan Pacifique, 1885. *Ouvrage couronné par la Société de Géographie commerciale* .... 1 vol.

IL A ÉTÉ TIRÉ DU PRÉSENT OUVRAGE :

10 exemplaires numérotés sur papier de Hollande.

PAUL DESCHANEL

DE L'ACADÉMIE FRANÇAISE
DÉPUTÉ D'EURE-ET-LOIR

PAROLES FRANÇAISES

DEUXIÈME MILLE

PARIS
BIBLIOTHÈQUE-CHARPENTIER
EUGÈNE FASQUELLE, ÉDITEUR
11, RUE DE GRENELLE, 11

1911

INTRODUCTION DE L'ANNOTATEUR

Le succès obtenu par les deux livres récents de M. Paul Deschanel, *L'Organisation de la Démocratie* et *Hors des Frontières*, nous engage à donner un nouveau volume du même auteur.

Sous ce titre : *Paroles françaises*, nous avons réuni quelques-uns des discours que M. Paul Deschanel a prononcés et des articles qu'il a écrits au cours des dernières années.

L'Alliance française et l'Association nationale des étudiants, le Sauvetage de l'enfance et les

Colonies de vacances, la Croix-Rouge, l'Orphelinat des Alsaciens-Lorrains et l'Ecole Alsacienne, les orateurs de la Constituante et l'esprit de la Révolution française, le poète Colardeau, Savorgnan de Brazza et Jules Simon, la Ligue de la petite propriété et l'Association philotechnique, trois discours prononcés à la Chambre des Députés, à Nogent-le-Rotrou, à Bordeaux, et une lettre sur la politique étrangère : telle est la matière de ce livre.

A travers la variété des sujets, on saisira l'esprit de suite et la persévérance de l'auteur.

Bien que la politique tienne ici moins de place que dans ses précédents ouvrages, on y trouvera des aperçus sur la plupart des grandes questions qui intéressent notre pays. C'est qu'en parlant aux auditoires les plus divers, l'orateur reste toujours fidèle à la tradition républicaine qu'il continue si noblement et au culte de la patrie qui n'en peut être séparé.

Cette conception essentiellement française fait l'unité du nouvel ouvrage, comme de la carrière de M. Paul Deschanel. Lui-même la définissait un jour, aux applaudissements des républicains et des patriotes, quand il disait de Gambetta : « Toujours il a poursuivi, par des voies diverses, le même dessein : au dedans le triomphe de la République, au dehors le relèvement de la France. »

PAUL IMBERT.

PAROLES FRANÇAISES

A L'ALLIANCE FRANÇAISE

L'*Alliance française* fêta, le 1er juin 1909, le 25e anniversaire de sa fondation.

Une réunion solennelle eut lieu à la Sorbonne, sous la présidence de M. Émile Loubet.

M. Paul Deschanel y prononça le discours suivant :

Monsieur le Président,
Mesdames et Messieurs,

L'année 1909 marque une date mémorable dans l'histoire de l'Alliance française. Votre association célèbre aujourd'hui son 25e anniversaire.

Comment vous remercier du grand honneur qu'elle me fait? Quoi! Messieurs, vous comptez parmi vous tant d'hommes illustres, dans les lettres, la science, la diplomatie, l'armée, et c'est à moi que vous faites appel! Vous avez toujours écarté la politique, et vous êtes venus à un homme politique! Je devine qu'en me désignant pour parler devant vous, dans notre antique Sorbonne, des destinées de notre langue, vous avez pensé à mon nom plus qu'à moi. Oui, je vous apporte, à défaut d'autres titres, l'ardent amour de la patrie et des lettres, le culte fervent de cette langue qu'enseignait près d'ici une voix sincère, dont je voudrais pouvoir vous apporter l'écho.

Heureusement, vos travaux et vos efforts trouvent aujourd'hui leur récompense : c'est la présence de M. Emile Loubet. J'imagine, Monsieur le Président, que vous devez sentir quelque joie de pouvoir aller où bon vous semble, tout seul, au gré de votre fantaisie. Cette muse familière vous mène toujours aux meilleurs endroits, là où l'on sent battre, non le cœur d'un parti, mais le cœur de la France.

Voilà en effet, Messieurs, le caractère essentiel de votre œuvre : vous ne regardez ni la couleur, ni le costume, ni la croyance; qu'on serve notre langue, cela vous suffit. Vous avez accueilli également universitaires et soldats : Lessops, Duruy, Faidherbe; catholiques, protestants, israélites, musulmans, bouddhistes, libres penseurs; le pasteur Edmond de Pressensé, le grand rabbin Zadok Kahn, l'abbé Charmetant; Pasteur et Taine, Ranc et Jules Simon; les hommes d'action et ceux qu'on a appelés les « intellectuels » et qu'on a essayé d'opposer les uns aux autres, comme si la pensée sans l'action était autre chose que dilettantisme, comme si la défense du pays et le commandement des armées n'exigeaient pas tout à la fois les plus hautes vertus et les facultés les plus étendues et les plus complexes de l'intelligence !

L'étranger nous juge trop souvent sur certains romans, certaines pièces de théâtre, que vous avez justement flétris. Qu'il vienne ici : il y verra briller la pure lumière qui éclaire les plus hautes cimes de notre histoire, l'esprit du chancelier humain qui, dans la fureur des luttes civiles et religieuses du seizième siècle, disait : « Otons ces noms qui nous divisent, ces noms diaboliques de huguenots et de papistes... » ; l'esprit du plus fin et du plus populaire de nos rois, qui, après avoir triomphé de la Ligue, signait l'édit de Nantes; l'esprit de nos généraux républicains, dans les veines desquels coulait, avec un sang héroïque, « le lait de la tendresse humaine », de ce magnanime pacificateur de la Vendée, qui couronnait l'œuvre de sa vaillance par l'amour et qui conquérait deux fois ceux qu'il avait vaincus, à force de grandeur d'âme et de générosité.

Quand on quitte les rivages de France et que le navire gagne la haute mer, les divisions, dans le lointain, s'effacent. Ainsi faites-vous. L'Alliance française est comme une sorte de postérité contemporaine : elle s'est placée trop haut pour distinguer les détails, elle ne voit qu'une France et qu'une République.

***

Mesdames et Messieurs, il y a vingt-cinq ans, le 21 juillet 1883, dans une salle du cercle Saint-Simon, quelques personnes se réunissaient sous la présidence de M. Paul Cambon, alors ministre de France à Tunis. Il s'agissait d'introduire l'enseignement du français dans cette nouvelle colonie, que la clairvoyance de Jules Ferry venait de donner à la France. Puis, on proposa d'étendre l'œuvre aux autres colonies françaises; et, de proche en proche, vous avez fini par embrasser toute la planète. Au bout de six mois, vous étiez 1,000; aujourd'hui, vous êtes 50,000.

Subventions aux écoles françaises, fondation d'écoles nouvelles, bourses, cercles, bibliothèques, cours d'adultes, conférences, musées, distribution de livres et de médailles, placement d'instituteurs et d'institutrices hors de France, cours et leçons à l'usage des étrangers dans nos colonies, à l'étranger, en France, échange d'étudiants; 150 comités en France, 320 au dehors; 5 à 6 millions dépensés; et de toutes ces âmes aimantées par les vôtres, un même cri d'amour qui monte vers la France. Et aussi un cri de reconnaissance vers vous, fondateurs et apôtres de l'Alliance française : Pierre Foncin, qui depuis un quart de siècle prodiguez à cette œuvre, fille de votre généreux cœur, les inépuisables ressources de votre expérience, de votre talent et de votre patriotisme; Louis Herbette, propagandiste au dévouement et à la verve infatigables; Dufourmantelle, Salone, Duflot et tant d'autres, qui donnent le meilleur d'eux-mêmes pour agrandir la France.

Voyez, Mesdames et Messieurs, l'œuvre de ces hommes aux colonies, à l'étranger, en France même, et comme ils se plient avec souplesse aux situations les plus variées.

Nous avons l'empire colonial le plus vaste du monde après celui de l'Angleterre. Les Français n'émigrent pas, comme les Anglais, les Allemands, les Italiens; mais les peuples de ce vaste domaine sont leurs frères d'adoption, et il est probable que le vingtième siècle ne s'achèvera pas sans que le nombre en soit doublé ou même triplé. Or, il ne suffit pas d'apprendre leur langue, il faut leur enseigner la nôtre. Il faut les habituer à penser en français. Rien ne sert d'avoir conquis le sol, si nous ne conquérons les âmes. L'école, le livre, voilà les vrais moyens de conquête. La colonisation est surtout affaire d'éducation. C'est ce qu'ont admirablement compris à Madagascar vos grands collaborateurs, Le Myre de Vilers et Galliéni, et c'est pour cela que vous avez fondé ce comité Paul Bert, qui patronne en France des étudiants indo-chinois destinés aux carrières pratiques.

Enseignement professionnel, tourné d'abord vers les choses de la terre, les métiers, le commerce, afin de ne pas faire des déclassés; enseignement des langues indigènes; mais d'abord enseignement du français : voilà votre programme. Si l'on apprend seulement aux Annamites l'annamite, aux Malgaches le hova, on crée la force annamite, on prépare l'unité de Madagascar sous une hégémonie hova, mais on sacrifie la France et, par là, on retarde la civilisation.

Les peuples d'Indo-Chine parlent des langues imparfaites, difficiles à écrire; ceci, malgré la résistance de l'esprit asiatique, assure à notre langue un énorme avantage. Au Soudan, au Congo, à Madagascar, nous sommes en présence de tribus peu civilisées, qui ont des dialectes très différents : conjonctures également favorables. Nous n'y trouvons pas devant nous, comme les Anglais aux Indes, la tradition toujours vivante d'une civilisation vénérable et d'une antique littérature.

Grâce à vous, nos conquêtes seront plus rapides dans les nouvelles colonies qu'elles ne le furent dans nos anciennes. Même en Algérie, sur 675,000 enfants indigènes d'âge scolaire, 34,000 seulement fréquentent l'école.

Mais la France n'est pas seulement là où flottent ses couleurs, elle est partout où rayonne son génie.

Notre protectorat d'Orient abrite une forêt d'écoles qui répandent notre langue et notre influence. Certains cultes préfèrent l'école religieuse; d'autres — les israélites, par exemple — préfèrent l'école laïque. Il y a donc place pour toutes les bonnes volontés et tous les courages. Aussi venez-vous en aide aux écoles de tout ordre, pourvu qu'elles enseignent le français et qu'elles respectent la liberté de conscience.

Les Églises chrétiennes d'Orient ont été, dans l'islamisme figé, des foyers de vie, d'indépendance; elles ont contribué à la libération des nationalités opprimées avec lesquelles elles se confondent; de sorte que là où certains esprits voient des restes du passé, des vestiges du moyen âge, ces peuples, au contraire, voient la revanche du droit et, en face du fatalisme musulman, l'affranchissement de la conscience humaine.

Je n'oublierai jamais l'émotion que je ressentis, lorsque, entrant un jour dans un de nos collèges d'Orient, j'entendis des milliers de jeunes gens acclamer la France et la République, sous le drapeau tricolore seul. Je sentis alors que nous étions là en terre française, dans un asile inviolable, conquis par la vaillance de nos pères. Ce n'était pas la France d'hier ou la France de demain, ce n'était pas la France religieuse ou la France laïque, c'était la France tout entière, la France de tous les temps, — France des Croisades, allant conquérir à la civilisation européenne la Méditerranée et l'Orient, ou France de la Révolution, portant à l'Europe la philosophie du dix-huitième siècle, — la nation sainte, qui toujours a été l'héroïne désintéressée de la justice et la bienfaitrice de l'humanité.

De là, vous poursuivez notre mission séculaire en Egypte, dont nous fûmes aussi les éducateurs. Et vous apparaissez au Maroc, où l'école franco-arabe de Tanger est l'embryon de votre œuvre future.

Puis, au delà de l'Océan, c'est encore la France que nous retrouvons dans l'Amérique du Nord, sous des couleurs amies. C'est notre chair, c'est notre sang, qui palpitent et qui brûlent sur les « arpents de neige », 70,000 Canadiens français en 1759, 3 millions aujourd'hui. O puissances invincibles du souvenir et de l'amour! Lorsque après un siècle parut devant Québec la corvette française, ils reconnurent leur drapeau sous ces plis tricolores qu'ils n'avaient jamais vus : « Ah! voilà nos gens qui reviennent ! » Vos gens, ô frères, sont toujours là, fidèles eux aussi, et l'ancienne et la nouvelle France se retrouvent comme aux premiers jours dans le cœur de l'Alliance française.

C'est encore l'Alliance qui resserre les liens noués il y a cent trente ans, sur les champs de bataille du Nouveau-Monde, par Washington et La Fayette. Sur l'heureuse initiative de M. James H. Hyde, à qui j'adresse notre hommage reconnaissant, vous envoyez là-bas de fiers orateurs, livres vivants, qui portent aux Américains l'esprit français et qui en reçoivent des leçons d'énergie. Et voici que le Collège de France et nos universités commencent de collaborer avec l'université Harvard. Tâche d'autant plus salutaire, qu'il n'y a pas un seul libraire français aux États-Unis, et que sur 15,000 professeurs de français, il n'y a que 500 Français : de sorte que notre littérature et notre langue n'eussent apparu que défigurées par des lèvres étrangères, si les illustres interprètes de nos chefs-d'œuvre, Mounet-Sully, Sarah Bernhardt, Coquelin n'avaient vaillamment défendu, là comme partout, le génie de la France.

De l'Amérique du Nord, votre propagande s'étend au Sud, dans toute l'Amérique latine, en Haïti, au Brésil, dans la République Argentine, au Chili, horizons indéfinis ouverts à vos espoirs.

Enfin, l'Europe.

Il y a quelques années, après les mémorables visites du roi d'Angleterre à Paris et de M. Loubet à Londres, des membres du Parlement britannique passèrent aussi la Manche. Alors fut créée une de vos grandes filiales, l'Alliance franco-anglaise, afin d'établir des rapports plus intimes entre les écrivains, les savants et les artistes des deux peuples. Quelle que soit l'importance des intérêts économiques qui lient les deux nations, une harmonie plus haute domine leurs destins : elles appartiennent toutes deux à la famille de ces grandes personnes morales, créatrices et souveraines, qui ont agrandi l'intelligence de l'humanité, à cette élite rare qui a apporté au monde des manières nouvelles de penser et qui lui en a laissé des monuments immortels, Patrie de Shakespeare et patrie de Molière, patrie de Bacon et patrie de Descartes, patrie de Pascal et patrie de Newton, pays de l'*habeas corpus* et pays de la Déclaration des droits de l'homme unissent leur génie et leur force pour la liberté de l'Europe et du monde.

Enfin, vous êtes à Saint-Pétersbourg, à Moscou, à Berlin, à Prague, à Vienne, à Milan, au Nord, au Midi, à nos marches de l'Est, partout.

Telle est votre œuvre, Messieurs. « Ebauche! » dit Pierre Foncin. Oui, œuvre colossale, si l'on regarde les années écoulées; ébauche, quand on voit l'avenir. L'Alliance, admirée de l'élite, n'est pas assez connue des foules. La France entière devrait souscrire. Six francs par an, et divisés entre plusieurs! Pour quelques sols, l'élève de nos écoles, de nos collèges, de nos lycées, l'employé, l'ouvrier même peuvent s'inscrire à ce livre d'or des bons Français et prendre une assurance nationale. L'agriculteur, l'industriel, le commerçant y font un placement sûr, car le commerce suit la langue, et les mots aussi sont des pièces d'or qui enrichissent les peuples.

Le savez-vous assez, vous tous, jeunes gens, et vous, Françaises qui m'écoutez, que nous avons des devoirs envers notre langue comme envers la patrie même, et qu'il faut défendre l'intégrité de l'esprit français comme l'intégrité du territoire?

La langue est la patrie spirituelle. Elle survit à la patrie terrestre. Voyez la Bible. N'est-elle pas, depuis deux mille ans, la vraie patrie des Juifs? La langue d'Homère n'a-t-elle pas tenu lieu de patrie aux Hellènes opprimés? Oui, la langue est une religion. Là est le royaume de l'esprit, qui ne connaît ni les frontières ni la mort. Et quand le Parthénon ne sera plus que cendre, la voix d'Eschyle et la voix de Démosthène continueront de monter vers la roche sacrée et de remplir l'univers.

Une langue vaut en proportion de ce qu'elle donne à l'humanité. Elle meurt quand elle n'a plus rien d'utile à dire. Elle ne mérite de vivre que par l'ascendant moral qu'elle exerce sur le monde et par les services qu'elle lui rend.

La langue française, au commencement du dix-neuvième siècle encore, était, par le nombre, la première des langues européennes; elle n'est plus que la quatrième. Le français est parlé par 58 millions d'hommes, l'allemand par 80 millions, le russe par 85 millions, l'anglais par 116 millions. Non que nous ayons perdu du terrain, mais les autres en ont gagné. Seulement le nombre n'est pas tout, pas plus que l'étendue du territoire : à ce compte, les Chinois seraient le premier peuple de la terre. La langue vaut ce que vaut la nation, et c'est pour cela que vous repoussez tout ce qui affaiblit l'initiative individuelle, la force militaire, l'union civique.

La langue française a été, par deux fois, en

des saisons diverses, la langue universelle de l'Europe : la première fois, dans sa fleur de jeunesse et de simplicité, aux douzième et treizième siècles; la seconde fois, dans la pleine maturité de son génie, aux dix-septième et dix-huitième. Pourquoi?

Aux douzième et treizième siècles, parce qu'elle apportait à l'Europe une vie nouvelle, tout cet idéal de chevalerie, d'honneur, d'amour, que ni l'antiquité ni le moyen âge n'avaient connu; au dix-septième, parce que sa littérature, parvenue au plus haut point de perfection, était l'expression achevée de la morale, le miroir de l'homme et de la société; au dix-huitième, parce que sa philosophie préparait l'affranchissement de l'homme et la proclamation de ses droits. Chaque fois, la France ouvrait au monde un idéal nouveau, non seulement français, mais humain.

A l'inverse, du quatorzième au seizième siècle, la résurrection des lettres antiques, l'invention de l'imprimerie, la Renaissance firent éclore d'autres littératures. La patrie de Dante, de Pétrarque et de Boccace, la patrie de Cervantès et de

Lope de Vega, la patrie de Camoëns et celle de Shakespeare apprirent à se passer de nous. Et, depuis le dix-neuvième siècle, l'expansion des langues anglaise, allemande et slaves est venue ravir à notre idiome sa primauté numérique.

Nous ne pouvons plus songer à substituer notre langue à la leur. Mais voici qu'un rôle nouveau s'offre à nous. A mesure que les relations internationales deviennent plus étroites et plus fréquentes, il faut, il faudra de plus en plus, non seulement à l'élite pensante, mais à l'ensemble du monde civilisé, à côté des langues nationales, un idiome commun, une langue complémentaire, qui permette aux peuples d'échanger aisément leurs sentiments et leurs idées. Or, quelle peut être cette langue?

On a inventé de toutes pièces des idiomes artificiels, volapuk, esperanto, universal, que sais-je? Je ne prétends pas que ces créations factices ne puissent servir aux transactions commerciales, à peu près comme les notations du télégraphe ou de la sténographie; mais il est bien improbable que jamais une langue artificielle devienne la langue générale, commune, ou même la plus répandue des peuples civilisés, et cela d'abord parce qu'elle n'a point de littérature. Le succès d'une langue est en proportion de l'éclat de sa littérature; le jour où celle-ci périclite, la langue décline. La langue d'un peuple est une flore vivante, qui porte en plein ciel les sucs de la terre. Il lui faut la lente maturation des saisons et des ans. Une langue artificielle est comme une fleur imitée; elle ne vit pas, elle n'a ni sève, ni couleur, ni parfum, elle ne peut s'épanouir. Ce ne sont pas seulement des mots, des sons, que les hommes veulent apprendre lorsqu'ils apprennent une langue, c'est tout le monde moral qu'elle exprime. Non : une langue qui n'a pas été vécue ne saurait créer de la vie; une langue où un peuple n'a pas mis son âme ne prendra jamais les cœurs; une langue sans poésie ne volera jamais aux lèvres des hommes.

Le monde civilisé devra donc choisir une langue naturelle, et il n'en est que trois : l'anglais, l'allemand et le français. L'allemand, admirable de force, de richesse, de profondeur, mais trop difficile, trop synthétique; l'anglais, plus facile, mais formé de deux langues juxtaposées. Reste le français. Quels sont ses titres?

Un Russe, M. J. Novicow, réagissant contre le pessimisme de quelques-uns de nos compatriotes, a montré pourquoi notre langue, mieux préparée qu'aucune autre à ce rôle, est destinée à devenir la langue auxiliaire de l'Europe, comme le toscan est devenu la langue auxiliaire de l'Italie. Les Anglais préfèrent le français à l'allemand; les Allemands — en Autriche, par exemple, — les Latins et les Slaves préfèrent souvent le français à l'anglais. Les Anglais et les Allemands eux-mêmes enseignent notre langue dans leurs écoles, et, au surplus, les deux tiers de l'anglais viennent de chez nous. Le français est la langue de la diplomatie; elle est aussi celle des élites en Russie, en Pologne, en Turquie, en Grèce, en Roumanie, en Bulgarie, en Serbie, en Hongrie, en Bohême, en Italie, en

Espagne, en Portugal, dans les pays scandinaves, et chaque jour ses clients deviennent plus nombreux. Elle est, par excellence, la langue de la conversation, elle a le sourire, la grâce. Il y a des races tristes, même sous le soleil; la nôtre est gaie. Le ciel de la France est sur nos lèvres. « L'esprit français, c'est la raison en étincelles »[1].

Notre langue est la plus simple, en ce sens qu'elle emploie moins de mots, qui la plupart ont même origine; la plus douce, car on peut dire de la France ce que Vauvenargues disait de Racine : « Personne n'éleva plus haut la parole et n'y versa plus de douceur »; la plus logique et la plus claire, parce qu'on y parle dans l'ordre même où l'on pense : sujet, verbe, régime se suivent toujours et se commandent; c'est le mot de Rivarol : « La langue française est la seule qui ait une probité attachée à son génie »; oui, précision, probité, c'est tout un; enfin, la plus humaine, parce que c'est l'homme qui est

1. Émile Deschanel, *Histoire de la Conversation.*

le centre et le principal objet de notre littérature.

Au fond de l'épouvante de Pascal et de l'ironie de Voltaire, c'est le même drame, le même effort de la créature périssable pour saisir l'infini et se survivre à elle-même. Dans la foi comme dans le doute, l'homme se débat contre la fatalité, il essaye d'échapper à sa prison de chair, pour vivre, ne fût-ce qu'un instant, de la vie éternelle. Si l'on veut surprendre le génie de la France dans son essence même, dans ce qu'il a d'indestructible et de permanent à travers ses innombrables métamorphoses, on voit que ce peuple, le plus traditionnel à la fois et le plus révolutionnaire qui soit au monde, a toujours poursuivi le même rêve de justice. Le trait essentiel de l'âme française, c'est l'amour de l'idéal. Oui, c'est le plus pur de notre gloire, c'est l'harmonie et l'originalité de notre magnifique histoire, d'avoir toujours vécu par les idées et pour les idées. La pensée de la France est une pensée d'amour. Tout ce que gagne la culture française est gagné par la justice. La

France travaille et pense pour le monde entier, et sa langue, outil d'affranchissement spirituel, est le patrimoine commun de tous les hommes.

Grâces donc soient rendues à nos grands écrivains, à ceux qui, même après tant de pertes illustres et sur des tombes encore fraiches, continuent la glorieuse lignée, qui dans la poésie, le roman, l'histoire, la philosophie, la critique, la presse, ou bien au théâtre, à la tribune, à la barre, gardent la pureté de notre langue et l'empêchent de vieillir ! Et grâces vous soient rendues à vous, apôtres de l'Alliance française, artisans de raison et de beauté, qui sur toute la terre répandez la langue immortelle de la France et son âme divine !

A L'ASSOCIATION NATIONALE DES ÉTUDIANTS

Appelé, le 8 mai 1909, à présider le banquet de l'*Association nationale des étudiants*, M. Paul Deschanel y prononça le discours suivant :

Messieurs et chers Camarades,

Vous me donnez ce soir une grande joie. Voir venir à soi l'élite de la jeunesse est pour un homme public un plaisir des dieux. Vous portez en vous tant d'espérances ! Et, s'il en était besoin, vous ranimeriez les nôtres. Mais la flamme brûle toujours aussi vive dans nos cœurs, parce que notre foi et notre idéal sont demeurés les mêmes, parce que nous vous sentons derrière nous, près de nous, et que nous savons que vous serez plus heureux. Oui, les épreuves que nous avons subies vous seront épargnées, et vous pouvez regarder la vie en souriant.

Parmi les hommes de ma génération, il en est qui, nés en exil, apprirent des lèvres paternelles à balbutier le nom de la France avant de l'avoir vue; qui, naissant à la vie de l'esprit, virent la France envahie, démembrée, en proie à la guerre civile; et qui, plus tard, croyant pouvoir travailler pour elle, la virent déchirée par une lutte fratricide, dont les effets durent encore. Non, vous ne connaîtrez pas ces douleurs, mais il faut qu'elles vous servent.

A l'origine de toutes ces grandes infortunes, vous trouvez des fautes de conduite, des erreurs d'optique, pour tout dire, l'ignorance. On prétend que l'illusion est la condition du bonheur. Cependant l'illusion, c'est le mirage, qui égare. Savoir, comprendre, voilà le secret de la force. Et qui donc verra clair, qui donc comprendra, si ce n'est vous, vous les privilégiés de la vie, qui pouvez lire, voyager, comparer, juger, prendre possession des choses dans le temps et dans l'espace, et qui recevez, des premiers maîtres de notre époque, la science accumulée des générations?

Ces lumières, Messieurs, vous ne devez pas les garder pour vous seuls : vous les répandrez autour de vous, et d'abord parmi ceux qui en sont privés. Je ne pense jamais sans effroi à ces petits enfants de nos campagnes, qui sortent de l'école à douze ans, qui jamais plus n'y retourneront et qui, à vingt et un ans, deviendront électeurs. Que savent-ils de la vie universelle et des problèmes qui tourmentent notre existence ? C'est à eux qu'il faut penser d'abord, c'est à eux qu'il faut vous donner : d'ailleurs, ceux qui s'oublient pour les autres perdent bien des raisons d'être tristes.

On accuse souvent la bourgeoisie d'être inerte, égoïste, fermée : nous ne sommes pas de ces bourgeois-là ! Nous sommes sortis du peuple et nous en sommes fiers, et nous restons peuple. Nous croyons à l'unité profonde du labeur humain. Oui, ce monde est un vaste atelier, où tous les ouvriers, du savant au manœuvre, coopèrent à la même tâche. Sans doute, la division croissante du travail sépare ceux-là mêmes dont l'accord serait indispensable aux solutions, et il ne manque pas de gens pour essayer de rendre les murailles encore plus épaisses, afin qu'on ne s'entende pas. Sans doute aussi, vous aurez à lutter contre d'injustes défiances; mais dites-vous qu'elles sont le legs d'iniquités séculaires, et répondez à la défiance par la confiance. Le peuple, comme la jeunesse, va d'instinct à qui l'aime. Qu'au milieu de vous, les plus humbles membres de la famille humaine soient aussi les plus honorés! Sachez entendre les nobles leçons de la misère. Les grandes choses se font surtout par les misérables. Le bien-être souvent est inerte. Le monde marche par la douleur. C'est elle, ce sont les exilés de la joie humaine, qui ont engendré les plus grandes révolutions morales de l'humanité. Oui, à un monde nouveau, né de la science et de la démocratie, il faut un droit nouveau. Ce droit, vous le ferez avec nous.

Votre devoir social est donc évident. Mais voici la difficulté.

Cette France, d'esprit si clair, est, il faut bien le dire, trop souvent la proie des mots. Il y a des mots à double et triple sens, qui sont des pièges à facettes où se prennent les simples. Les idées vagues font peut-être encore plus de mal que les idées fausses ; on en peut dire ce que Chamfort disait des sots : « Les sots sont les troupes légères de l'armée des méchants; ils font plus de mal que l'armée même, ils infestent, ils ravagent ». Certains hommes qui se croient l'esprit très libre ont seulement changé de superstition ; ils vivent sur des mythes nouveaux, dans un empire fabuleux, où tout est illusion, symbole et songe.

Et c'est la misère de notre métier, à nous autres politiques, que, à chaque génération nouvelle, tout ou presque tout est à recommencer; que l'histoire d'hier est la plus oubliée, et que chaque génération survenante, ignorante du passé, ramène avec elle les mêmes préjugés, les mêmes funestes erreurs, qui ont traîné à travers vingt siècles d'histoire. Aussi, ceux qui se jouent du peuple font-ils preuve d'une indigne bassesse de cœur. La flatterie est le plus grossier des pièges et un péril mortel.

Avez-vous assisté à une course de taureaux? L'animal sort, tout brûlant, des ténèbres du toril. Ivre de lumière, il s'élance : mais l'homme, perfide, agite devant ses yeux la capa, et toujours le taureau est pris par le même mouvement de la loque rouge, qui va le perdre. Ah! si, dans un éclair, il pouvait comprendre!

Messieurs, si vous m'en croyez, passez toutes les théories au fil de votre raison. La précision est une forme de la probité. Il n'est pas vrai que l'analyse tarisse les sources de la vie; il n'est pas vrai que la vie de l'esprit meure sur les sommets; il n'est pas vrai que notre impuissance réelle soit la rançon de notre puissance idéale. « Savoir, c'est pouvoir. » Ce n'est pas parce qu'on a fait le tour de trop de choses, qu'on désespère; c'est parce qu'on n'a pas regardé assez longtemps ni assez loin. L'intelligence ne tue pas la volonté, elle lui crée des devoirs.

Je sais que je parle ici devant des hommes de toute opinion, que le principe de votre Association est le respect de toutes les manières de penser ou de croire, et que la tolérance, la pensée libre en est la beauté; mais nous pouvons, n'est-ce pas? parler sans contrainte de choses qui appartiennent à l'histoire, et vous pardonnerez cette vue au président de l'*Association des anciens élèves et élèves de l'École des Sciences politiques* et au président du *Collège libre des Sciences sociales*. Voyez la France depuis cinquante ans. Pourquoi ses revers? Parce qu'on ne voyait pas, parce qu'on ne savait pas, parce que ceux qui savaient virent leurs avertissements méprisés. Et après 1870, où tourner les yeux, où trouver un appui? Les esprits clairvoyants montraient ce double objectif (et, en vérité, il suffisait de regarder la carte) : Londres et Saint-Pétersbourg. Mais, au lieu de tendre tous les ressorts vers ce double dessein, que de temps perdu! Douze ans d'un côté (affaire Appert, etc.), vingt-cinq ans de l'autre, de l'Égypte à Fachoda. Et après, la guerre de Mandchourie, prévue, pourtant, annoncée par ceux qui devaient l'empêcher. Mirages !

Attachez-vous donc passionnément à la vérité ; tâchez de voir clair, pour marcher droit. Surtout, n'oubliez jamais ce que nous autres, nous avons souffert. Oublier, ce serait tuer dans vos âmes l'idée même du droit, qui est votre raison de vivre.

Mais je suis tranquille. Naguère, la France s'est trouvée soudain, de nouveau, en présence d'une menace étrangère ; elle savait, cette fois, ce dont il s'agissait, et qu'elle n'avait rien à se reprocher : elle n'eut pas un moment d'hésitation. Le sang de la Gaule tressaillit dans ses veines. Elle ne fut qu'une seule âme, un seul cœur. Mais il faut que cette unité morale n'apparaisse pas seulement aux heures d'orage ; il faut qu'elle dure, et c'est à vous surtout qu'il appartient de la maintenir et de la fortifier.

Ainsi, de grands devoirs vous attendent, devoirs envers le peuple et devoirs envers la patrie. Vous saurez les remplir ; vous ne faillirez pas à votre mission.

J'en prends à témoin les hommes qui ont

trempé vos cœurs. Avant de boire à vous et à vos familles, c'est à eux que je veux adresser l'hommage de notre admiration et de notre gratitude. Je salue, Messieurs, l'Université de France, notre aïeule vénérée et chérie, ses illustres maîtres, et d'abord mon grand confrère et ami M. Ernest Lavisse, cet homme qui est une force nationale, que vous aimez tant et que vous avez tant de raisons d'aimer, M. Lavisse qui vous eût parlé avec plus d'autorité que moi, mais non certes avec plus d'affection. Je lève mon verre en l'honneur de votre Association fraternelle; je bois à vos succès, à votre avenir, c'est-à-dire à ceux de la France !

LES ORATEURS DE LA CONSTITUANTE

Tout un domaine de notre littérature nationale, et non le moins fertile, celui de l'éloquence politique, était resté jusqu'ici fermé à la jeunesse : ce livre va le lui ouvrir. Remercions ceux qui ont admis nos orateurs parlementaires dans les programmes d'enseignement et le maître distingué qui en a cueilli la fleur.

On se bornait pendant longtemps à des extraits des orateurs grecs et latins et, parmi les modernes, aux orateurs de la chaire chrétienne; pourquoi les jeunes Français, qui apprennent

1. Préface à l'ouvrage de Camille Lacroix, *Chefs-d'œuvre de l'éloquence parlementaire.*

par cœur Démosthène, Cicéron et Bossuet, ne sauraient-ils rien de Mirabeau, de Vergniaud, de Berryer, de Lamartine, de Thiers et de leurs glorieux émules?

Mais la méthode employée pour l'étude des orateurs anciens et de nos orateurs sacrés peut-elle convenir également à l'étude de nos orateurs politiques?

On comprend que les élèves apprennent par cœur et récitent à haute voix Démosthène, Cicéron et Bossuet, parce que ces orateurs, avant ou après leurs discours, les fixaient pour la postérité dans une langue immortelle, et aussi parce que leur art consommé s'exerçait sur des sujets relativement peu nombreux et peu compliqués; leur éloquence vivait surtout d'idées générales, de ces lieux communs qui sont le pain quotidien de l'humanité dans tous les temps.

Au contraire, les harangues de nos politiques, aux prises avec les multiples et complexes problèmes de nos vastes États modernes et les difficultés sans cesse renaissantes de nos révolutions, sont des actes, plutôt que des œuvres d'art.

La plupart de nos orateurs parlementaires, même les plus grands, n'ont point, à proprement parler, de style : or, c'est par le style seul que durent les ouvrages de l'esprit. La lecture de leurs discours ne peut donner qu'une faible idée de l'effet qu'ils produisaient. Il en est trop souvent de leur art comme de l'art du comédien : la vie, la flamme éteintes, qu'en reste-t-il?

La langue de presque tous les orateurs de la Révolution, — Mirabeau tout le premier, — n'a point d'originalité, point de saveur propre : elle n'est qu'un reflet de Jean-Jacques et des autres écrivains du XVIIIe siècle. Et, malheureusement, il faut bien le dire, à mesure qu'on avance dans l'histoire de notre tribune, on trouve, au point de vue littéraire, des défauts analogues : presque tous les orateurs de la Restauration sont démodés, et l'on se rend difficilement compte, à la lecture, des triomphes de Berryer et de Gambetta.

Ce qu'il faut donc chercher ici, c'est moins l'intérêt littéraire que l'intérêt historique.

Si l'on se borne à faire lire aux jeunes gens ces extraits décolorés, on les rebutera bientôt.

Il faut replacer chaque orateur dans son cadre, faire revivre les événements contemporains, la physionomie des Assemblées et de leurs différents groupes. Autant cette lecture, ainsi vivifiée, sera piquante et féconde, autant, sans cette initiation et ces commentaires indispensables, elle serait fastidieuse et vaine. Il s'agit, en un mot, de mettre aux mains de l'élève un fil conducteur.

***

Ainsi, je prends pour exemple le premier volume de cet ouvrage, qui contient les discours des Constituants.

Pour le lire avec profit, il est nécessaire d'avoir un aperçu des philosophes et des économistes du dix-huitième siècle; car l'éloquence de la Constituante, de la Législative et de la Convention n'est que la monnaie de leurs écrits. *L'Émile*, *Le Contrat social*, *L'Esprit des lois*, l'*Encyclopédie*, d'Holbach, Diderot, Raynal, Mably, sans compter les pamphlets, sont les réservoirs qui alimentent l'éloquence des Assemblées révolutionnaires, non seulement pour les idées, mais aussi pour la forme. C'est à travers eux, — en même temps qu'à travers le *Conciones* et l'éducation rhétoricienne des Jésuites, — que les souvenirs classiques de l'Agora et du Forum passent dans les harangues des Constituants et des Conventionnels.

Il faudrait aussi connaître l'excellente *Histoire des États Généraux* de M. Georges Picot, les principaux historiens de la Révolution, — Mignet, Thiers, Michelet, etc. (sans toutefois se fier toujours à ces deux-ci), — et les études si précises, si fouillées, de M. Aulard.

On se représenterait alors les passions qui enflammaient cette jeune Assemblée, — jeune dans tous les sens du mot : car Barnave n'avait que vingt-huit ans, Alexandre de Lameth et Buzot, vingt-neuf; Duport, trente; Cazalès et Robespierre, trente et un; La Fayette et Charles de Lameth, trente-deux; Pétion, trente-trois; Mirabeau, quarante; Sieyès, quarante et un; Maury et Thouret, quarante-trois; — on sentirait cet enthousiasme, ces premiers élans d'espérance et de foi, cette fièvre généreuse qui avait gagné toute la France.

Nous voici au printemps de 1789, à Versailles, dans la vaste salle des Menus; puis, un peu plus tard, en automne, à Paris, dans la salle du Manège, aux Tuileries (où siégeront aussi la Législative, la Convention et le Conseil des Cinq-Cents). Jetons un coup d'œil sur l'Assemblée, comme nous ferions aujourd'hui sur celles du Palais-Bourbon ou du Luxembourg. Je prends les termes de *Droite*, de *Centre*, de *Gauche*, bien qu'ils ne fussent pas encore usités à cette époque; on me pardonnera cet anachronisme, qui rendra les choses plus claires.

***

A *Droite*, ce prêtre taillé en athlète, batailleur, emporté, bruyant, parfois même brutal, c'est l'abbé Maury, le fils du cordonnier de Valréas,

« vrai grenadier politique[1] », sorte de « Frère Jehan des Entommeures[2] » de la parole; soit qu'il secoue la tribune comme pour la briser et en lancer les éclats à la tête de ses adversaires[3], soit qu'il saisisse par les épaules un de ses collègues, le duc de La Rochefoucauld, et le fasse rouler par terre du haut en bas de la tribune[4]; — avec cela, portant dans ses harangues politiques le soin littéraire qu'il avait mis dans ses sermons, dans ses discours à l'Académie, dans son *Traité sur l'Éloquence de la Chaire* (livre d'impressions personnelles, qu'on peut encore relire avec agrément); plus soucieux de faire acclamer ses phrases que de faire triompher ses idées, — à vrai dire, il n'avait guère de politique; — avant tout et partout, avide de bruit, également friand des applaudissements de l'Académie et des ovations de la rue et des Halles;

1. THIBAUDEAU.
2. EDMOND et JULES DE GONCOURT, *Histoire de la Société française pendant la Révolution.*
3. Séance du 21 octobre 1790. Voir le *Moniteur.*
4. Séance du 25 juin 1790. Voir le *Moniteur*; FERRIÈRES, t. II, p. 59, et MONTLOSIER, t. II, p. 54.

infatigable, tenace, toujours prêt à la riposte, toujours en scène, en verve, en action; prononçant une fois jusqu'à treize discours en une semaine; mais superficiel, ne prenant pas le temps d'aller au fond des choses, se payant d'à peu près et de généralités vagues qui ne se pourraient plus supporter aujourd'hui; bref, un grand rhéteur.

A *Droite* aussi, cet autre méridional, aux formes épaisses, moitié paysan, moitié soldat, dont le gros visage, marqué de la petite vérole, rappelle celui de Fox, peu élégant, mais sympathique par sa droiture, sa parole naturelle et sincère, c'est Cazalès, le rival, jalousé et détesté, de Maury; aussi simple, aussi mesuré que l'autre l'est peu, et conquérant bientôt ce que Maury n'aura jamais, l'autorité; défenseur chevaleresque et attristé d'une cause au succès de laquelle il ne croit plus.

Au *Centre droit*, Malouet, l'honnête et sage Malouet, ancien intendant de la Marine, bon administrateur, littérateur médiocre, trop sage pour le bouillonnement de la Constituante, dépaysé au milieu de cette ardente jeunesse ; esprit lucide, pondéré, sans imagination, sans élan, sans flamme, plus fait pour écrire des rapports que pour prononcer des discours, et qu'il vaut mieux lire dans ses *Mémoires* que dans ses œuvres parlementaires. A vrai dire, ce n'est point là un orateur. Dans cette fraction de l'Assemblée, le fin et brillant Clermont-Tonnerre l'est bien plus que lui.

Parmi les *Constitutionnels*, — ce groupe qui correspond à ce qu'on a appelé de nos jours le *Centre gauche*, qui représente vraiment l'esprit de la Constituante et dont l'histoire se confond avec celle de cette Assemblée, — voici, au premier plan, Thouret, légiste et normand, le type de l'orateur du Nord, l'esprit le plus solide et le plus net peut-être de la Constituante, celui que nous pouvons aujourd'hui encore étudier avec le plus de fruit. C'est le premier de nos grands orateurs d'affaires, c'est le vrai père de l'éloquence parlementaire telle que nous l'entendons à présent.

On a souvent répété que la plupart des orateurs politiques ont été préparés à la tribune par le barreau. Oui et non : les avocats les plus illustres, un Tronchet, un Bergasse, échouèrent à la tribune de la Constituante ; et combien de fois n'avons-nous pas vu, jusqu'à nos jours, se reproduire ce phénomène ! L'éloquence de la barre et celle de la tribune sont deux genres si différents ! Tel qui brille au Palais sombre à la tribune. Mais c'est bien la science du droit, ce sont les habitudes d'esprit juridiques qui ont donné à Thouret sa manière serrée et précise, cette langue sobre, cette dialectique pressante. Aussi a-t-il ce qui manque à presque tous les orateurs de la Constituante : un style. La précision de la parole vient de celle de la pensée. C'est chez lui que nous avons le plus à apprendre et au point de vue oratoire et au point de vue politique. Suivez-le d'un bout à l'autre de sa carrière, relisez son rapport du 29 septembre au nom du Comité de Constitution, où toute l'organisation de la France moderne est tracée à grands traits, ses discours sur les biens du clergé, sur le jury, etc., vous touchez là toutes les grandes fondations de la Constituante, les assises de la France contemporaine.

Les autres membres, même les plus connus, du groupe constitutionnel, ne méritent guère le titre d'orateurs : ni La Fayette et Bailly, qui ne jouèrent à la Constituante qu'un rôle très effacé, ni Sieyès, qui ne fut éloquent que la plume à la main, ni Dupont de Nemours. Chapelier seul avait certaines facultés d'improvisateur.

A *Gauche*, le *triumvirat*, état-major sans armée : Duport, conseiller au Parlement, qui, déjà célèbre par son rapport sur l'organisation de la magistrature et son discours sur l'institution du jury, s'éleva à la hauteur des maîtres de l'éloquence en combattant la motion funeste relative à la non-rééligibilité des Constituants, et la peine de mort; — les deux Lameth, qui ne furent vraiment éloquents qu'une fois : Alexandre, aux Jacobins, dans une apostrophe enflammée contre Mirabeau; Charles, dans son discours sur le droit de paix et de guerre; — le jeune et beau Barnave, l'enfant chéri, l'orateur préféré et le plus grand improvisateur de la Constituante, qui, à la vérité, n'a pas la flamme ou les coups d'aile de Mirabeau, — « il n'y a point de divinité en lui », disait celui-ci[1], mais une éloquence solide et variée, un débit clair, une argumentation bien ordonnée, une haute raison ; plus de charme que de force, plus de lumière que de couleur : talent supérieur, sans génie.

A l'*Extrême Gauche*, Pétion, emphatique et banal, qui aspire au titre d'orateur plus qu'il ne le mérite; Buzot, qui le sera davantage, mais seulement plus tard, à la Convention ; et Robespierre, qui maîtrise peu à peu sa crainte de la tribune et apparaît déjà en 91 comme un orateur consommé, soit dans son discours du 16 mai pour la non-rééligibilité des Constituants, soit, — exemple plus frappant encore, — dans sa réplique improvisée du 31 à la fameuse lettre anti-révolutionnaire de Raynal. — (Tous, bien entendu, y compris Robespierre, se disent encore royalistes : à la tribune, même en 91, il n'est pas encore question de République.)

1. Pourtant, dans le discours sur l'inviolabilité royale, on le dirait inspiré du génie de Mirabeau.

Enfin, échappant à toute classification, et faisant voler tous les cadres, le monstre, le génie, le dieu, Mirabeau.

***

Ici, de grâce, oubliez les portraits de pure fantaisie tracés par Victor Hugo, qui le compare à un lion en cage, et par Lamartine! Rien ne saurait donner du grand orateur une idée plus fausse. Ils se sont vus, mirés en lui : il est difficile à ces puissantes organisations subjectives de se détacher de soi.

A la tribune, Mirabeau demeurait immobile. Il parlait lentement, gravement, parfois même, au début, avec un peu d'affectation, d'apprêt. Étienne Dumont, son secrétaire, qui le connaissait *intus et in cute*, s'exprime ainsi :

« Ceux qui l'ont vu savent que les flots roulaient autour de lui sans l'émouvoir, et que même il restait maître de ses passions au milieu de toutes les injures... Dans les moments les plus impétueux, le sentiment qui lui faisait appuyer sur les mots, pour en exprimer la force, l'empêchait d'être rapide; il avait un grand mépris pour la volubilité française... Son défaut était peut-être un peu d'apprêt et de prétention à son début... Sa manière ordinaire était un peu traînante. Il commençait avec quelque embarras, hésitait souvent, mais de manière à exciter l'intérêt. On le voyait, pour ainsi dire, chercher l'expression la plus convenable, écarter, choisir, peser les termes, jusqu'à ce qu'il se fût animé, et que les soufflets de la forge fussent en fonction. »

Point de colères, point de transports; au contraire, un calme, une gravité, un sang-froid imperturbables.

« Ce qui est incroyable, c'est qu'on lui faisait parvenir au pied de la tribune, et à la tribune même, de petits billets au crayon; qu'il avait l'art de lire ces notes tout en parlant, et de les introduire dans le corps de son discours avec la plus grande facilité. »

Contrairement à ce que dit Victor Hugo, il n'avait pas le don de la réplique; c'était là le défaut de la cuirasse :

« Il ne savait pas réfuter avec méthode, dit encore Étienne Dumont; aussi était-il réduit à abandonner des motions importantes lorsqu'il avait lu son discours, et, après une entrée brillante, il disparaissait, et laissait le champ à ses adversaires; ce défaut tenait en partie à ce qu'il embrassait trop et ne méditait pas assez. Il s'avançait avec un discours qu'on avait fait pour lui et sur lequel il avait peu réfléchi; il ne s'était pas donné la peine de prévoir les objections et de discuter les détails; aussi était-il bien inférieur sous ce rapport à ces athlètes que nous voyons dans le Parlement d'Angleterre. »

C'était surtout un incomparable diseur. Il parlait et lisait avec un art merveilleux. Le débit fut pour les trois quarts dans le succès; à tel point que son discours sur les successions (composé par Reybaz), qui, dans la bouche de Mirabeau, avait admirablement réussi au club des Jacobins, parut terne et froid lorsque Talleyrand, — qui lisait bien, cependant, — vint, au lendemain de la mort du tribun, le lire à l'Assemblée.

Le premier discours sur les assignats avait été aussi composé d'un bout à l'autre par Reybaz. Dans un curieux billet où Mirabeau renvoie au bon Vaudois « tous les compliments que lui a valus ce discours », il ajoute :

« Au reste, je me suis aperçu que l'écriture, toute charmante qu'elle soit, est un peu petite à la tribune. Mes respects aux pieds du secrétaire. »

C'était mademoiselle Reybaz.

Et en post-scriptum :

« N. B. — Suivez avec un grand soin les *Moniteurs*, afin de nous tenir prêts à une réplique. »

Ainsi, quoi qu'en dise Chateaubriand, il arriva parfois que ses discours écrits et lus ne firent pas moins d'effet que les autres. Son démon enflammait ces pages qui nous paraissent aujourd'hui glacées; nous n'avons plus que la cendre.

Du reste, dans les premiers mois de la Constituante, tous les orateurs lisaient leurs discours — souvent écrits par d'autres, — sauf Barnave et Cazalès; presque toute l'œuvre de celui-ci a péri.

La plupart, et Mirabeau lui-même, en descendant de la tribune, remettaient leur manuscrit au *Moniteur*. Les orateurs ne se répondaient pas les uns aux autres.

On n'improvisa que peu à peu.

A la Législative encore, Brissot et Gensonné lisaient. Cet usage de la lecture a duré en partie pendant la Restauration et même jusque sous la monarchie de Juillet.

Nous qui ne pouvons plus jouir de l'admirable spectacle que donnait Mirabeau, nous devons, sous peine de ne rien entendre à son génie, faire la part de la collaboration, distinguer ses discours improvisés d'avec ceux qui sortaient de sa grande usine oratoire et que lui fournissaient, soit ses faiseurs attitrés, Reybaz, Duroveray, Étienne Dumont, Pellenc, Clavières, soit quelque collaborateur accidentel, Frochot, de Comps, l'abbé Lamourette, Chamfort, etc.

On sait qu'il se faisait lire ou lisait lui-même d'abord à haute voix le discours qu'on lui avait préparé, puis coupait, modifiait, arrangeait les phrases pour leur donner le tour, l'accent, le rythme oratoires. Quand on peut faire la comparaison entre le texte primitif du secrétaire et le texte retouché par Mirabeau, on peut saisir là mieux que partout ailleurs la technique oratoire.

Mais, il faut bien le dire, ces discours fabriqués au dehors nous paraissent aujourd'hui, même après les corrections du grand homme, ternes et froids. Ni le discours sur le *Veto*, pris en partie de l'ouvrage du marquis de Casaux, *Simplicité de l'idée d'une Constitution*[1], ni les discours sur les biens du clergé composés par

1. Voir Aulard, *Un plagiat oratoire de Mirabeau* (*Annales de la Faculté des lettres de Bordeaux*, décembre 1880).

Pellenc[1], ni l'Adresse aux Français sur la Constitution civile du clergé, qui est de Lamourette, ne peuvent donner aucune idée du génie de Mirabeau. C'est dans ses improvisations qu'il le faut saisir tout vif, et principalement dans celles où il parle de lui, où sa personnalité est en jeu, où il se défend : car c'est le *moi* qui est la source première de l'éloquence. C'est là qu'il est vraiment supérieur : sobriété, netteté, plus de rhétorique, plus l'ombre d'emphase.

Plus encore peut-être que dans ce discours

1. Dumont raconte que, lors de la discussion sur les biens du clergé, Mirabeau, furieux de l'absence de Pellenc, l'envoie chercher et l'apostrophe ainsi : « Étiez-vous à l'Assemblée? — Non. — Comment! Vous n'y étiez pas? Voilà vos procédés à mon égard! Voilà les embarras où vous me jetez!... Maury a parlé pendant près d'une heure... Que pouvez-vous répondre à un discours que vous n'avez pas entendu? Vous aimerez mieux en écrire un autre contre moi, je vous connais bien; mais je vous déclare qu'il me faut pour demain matin une réfutation complète. Vous trouverez dans les papiers du soir quelque extrait de son discours. » Pellenc hésitait; Mirabeau le prit à la gorge, le poussa violemment contre le mur. Pellenc s'exécuta, travailla toute la nuit et remit le lendemain matin un discours qui ne put être prononcé, mais que Dumont approuva, élagua et publia dans *Le Courrier de Provence*.

fameux sur la banqueroute, qui marqua aux yeux des contemporains son apogée, et qui pourtant, à mon avis, ne saurait être mis au rang des chefs-d'œuvre de l'éloquence parce qu'on y trouve des traces de déclamation, plus encore, dis-je, que dans cette célèbre harangue, Mirabeau m'apparaît vraiment grand dans sa plaidoirie du 29 juin 1783 contre Portalis foudroyé, dans sa défense contre Barnave et les Lameth, dans son discours sur les journées des 5 et 6 octobre; c'est alors qu'il est unique, parce qu'il se livre tout entier dans sa passion naturelle et sincère. C'est la vie même, et la flamme brûle toujours.

Ainsi, il ne suffit pas de connaître chaque orateur, son caractère, son talent, les inspirations de son éloquence : on ne peut bien comprendre et goûter chaque discours si l'on ignore les circonstances dans lesquelles il fut prononcé et les incidents caractéristiques qui l'accompagnèrent.

J'en citerai un dernier exemple, c'est le discours de Maury sur la Constitution civile du clergé. L'abbé avait pour habitude de provoquer des interruptions, qui le stimulaient; le tour le plus cruel qu'on pût lui jouer, c'était de l'écouter en silence. Or, c'est ce que fit la Gauche le 27 novembre 1790.

« Alexandre Lameth, dit Ferrières, occupait le fauteuil; il maintint pendant la discussion le plus grand calme et le plus profond silence. En vain l'abbé Maury chercha-t-il à se faire interrompre, s'interrompit-il lui-même, se plaignit-il qu'on ne voulait pas l'entendre; en vain, abandonnant et reprenant le sujet principal de son discours, se perdit-il dans les digressions les plus étrangères, interpella-t-il personnellement Mirabeau et lui jeta-t-il vingt fois le gant de la parole; au moindre mouvement d'impatience qui s'élevait dans l'Assemblée : « Attendez, monsieur l'abbé, « disait Alexandre Lameth avec un sang-froid dé« sespérant, je vous ai promis la parole, je vous la « maintiendrai ». Il se tournait vers les interrupteurs : « Messieurs, écoutez M. l'abbé Maury. « il a la parole; je ne souffrirai pas qu'on l'inter- « rompe ». Maury descendit de la tribune, furieux de ce qu'on ne l'en avait pas chassé, et si hors de lui, qu'il ne songea pas même à prendre des conclusions[1] ».

Sans cette clef, on comprend mal le discours de Maury, cette série de provocations blessantes à l'égard de la majorité, quand il l'invite à attendre, pour la Constitution civile du clergé, la réponse du pape, ou bien quand il compare l'Assemblée au sérail de Constantinople. Le commentaire de Ferrières rend à ces pages l'accent, la couleur, la vie.

J'en ai dit assez, je pense, pour montrer comment l'ouvrage de M. Camille Lacroix pourra

1. Ferrières, t. II, p. 187.

servir de thème à des études extrêmement intéressantes au point de vue historique.

En même temps, on vient de voir ce qu'il faut penser de la plupart de ces discours au point de vue littéraire. Et cette observation ne s'applique pas seulement aux discours de la Révolution; il serait facile, plus près de nous, de multiplier les exemples. Je cite au hasard :

Chateaubriand : « Inutile Cassandre, j'ai fatigué vingt ans le trône et la pairie de mes avertissements méprisés. » — Le général Foy : « Je ne connais pas les jeux de Bourse; je ne joue, moi, qu'à la hausse de l'honneur national! » Le même : « Ne couvrez pas du manteau royal vos guenilles ministérielles! » Timon s'extasie devant ces soi-disant beautés; on en rirait aujourd'hui.

Et Montalembert encore, en 1849 : « Les rois sont remontés sur leurs trônes; la liberté n'est pas remontée sur le sien : elle n'est pas remontée sur le trône qu'elle avait dans nos cœurs. »

Il nous a été donné à nous-mêmes d'entendre les survivants de 48 : leurs tirades mélodramatiques nous rappelaient la *Tour de Nesle* et Bouchardy. Au contraire, l'éloquence si naturelle, si incisive, si dépouillée, si preste de tel orateur de nos jours fait penser à la *Visite de Noces* d'Alexandre Dumas fils, à certains dialogues de Guy de Maupassant. Cette éloquence moderne comparée à celle de 1848, c'est le théâtre de Clara Gazul comparé aux drames de Pixérécourt.

En effet, la tribune et le théâtre marchent de pair; sur les deux scènes, le goût, la mode sont à peu près les mêmes. Alexandre Dumas fils nous disait un jour : « Le théâtre, c'est la coupure. » On peut dire la même chose de la tribune; je la définirais volontiers l'art des sacrifices nécessaires.

Les révolutions du goût sont extraordinairement rapides : on ne peut plus parler aujourd'hui comme on parlait à l'Assemblée nationale de 1871. Ce ne sont que des nuances, mais on les doit saisir.

Il ne faudrait pas cependant, sous prétexte d'éviter la littérature, tomber dans la platitude, et, par amour de la simplicité, aller jusqu'à la trivialité. Il ne faut pas qu'un discours sente la littérature et, pourtant, il ne faut pas non plus que la critique littéraire y perde ses droits.

Nous pouvons deviner, par la littérature actuelle, ce que sera l'éloquence politique dans dix ou quinze ans; car le monde littéraire est, naturellement, toujours en avance sur le monde politique, de même que Paris est en avance sur la province : de là ces désaccords entre l'esprit des Assemblées et le génie divinateur d'un grand poète comme Lamartine, par exemple, ou les calculs à longue portée d'un grand philosophe politique comme Tocqueville. Les Assemblées s'irritent contre ceux dont la vue dépasse la leur : cela dérange, inquiète leurs habitudes d'esprit; il faut, pour réussir auprès d'elles, ne leur dire que ce qu'elles pensent; les ambitieux de médiocre volée, ceux qui désirent les places, se contentent de servir les intérêts et de flatter les passions; ils fuient l'originalité : c'est là le vrai moyen de parvenir. Il y a, au fond de certaines carrières politiques très rapides, une extrême puérilité.

Mais nous ne voudrions pas désenchanter les

jeunes esprits, ni les détourner de la tribune : l'éloquence politique reste, malgré la nausée que donnent les coulisses, un des plus nobles emplois de l'intelligence humaine et, depuis qu'on ne fait plus la guerre, la forme la plus haute de l'action. Servir sa patrie par la raison, est-il un plus généreux idéal et plus digne de tenter l'âme de la jeunesse?

UN PRÉCURSEUR

LE POÈTE DE BEAUCE COLARDEAU[1]

Mesdames et Messieurs,

Le poète dont nous venons saluer aujourd'hui la mémoire a eu une grande réputation de son vivant, parce qu'il était, à certains égards, un précurseur. Il a subi, après sa mort, un profond oubli, parce que ceux qui sont venus ensuite dans les genres qu'il avait rénovés ou introduits en notre langue l'y ont dépassé. Il est juste de le

1. Discours à l'inauguration du monument élevé au poète Colardeau, à Janville (Eure-et-Loir), 29 mai 1904.

remettre à son rang dans notre histoire littéraire. Le comité qui a pris l'initiative de ce monument, les souscripteurs qui ont répondu à son appel ont bien mérité de la France lettrée et de notre patrie beauceronne. Les pays qui délaissent la mémoire de leurs illustres fils ne sont pas dignes d'en enfanter d'autres. Remercions le statuaire éminent qui a fait revivre, avec tant de grâce, la figure du poète, et l'architecte, enfant du pays et fils de ses œuvres, qui a montré ici autant de désintéressement que d'habileté. Grâces à eux, voici le dix-huitième siècle, et la muse bergère, et les fleurs amies, et les oiseaux familiers, et la verte fontaine, qu'ils font jaillir des blés d'or.

L'an 1732, le 12 octobre, naissait à Janville Charles-Pierre Colardeau, de Charles Colardeau, receveur au grenier à sel d'Orléans, et de Jeanne Regnard.

Orphelin à treize ans, l'enfant est mis sous la

tutelle d'un oncle maternel, l'abbé Regnard, curé de Saint-Salomon, à Pithiviers. L'abbé l'envoie au collège de Meung-sur-Loire pour y continuer les humanités qu'il a commencées chez les jésuites d'Orléans, puis à Paris, au collège de Beauvais, pour y faire sa philosophie. Ses études achevées, le jeune homme est placé chez un procureur au Parlement, comme Gentil-Bernard et comme Voltaire, pour y apprendre la procédure.

Mais la procédure ne lui sourit guère : il court bientôt les compagnies littéraires et les spectacles. Sa santé, naturellement délicate, s'altère. Le sculpteur a bien rendu cette physionomie fine, mobile, ardente, tourmentée par la fièvre. Il n'a pas vingt ans, et déjà le mal dont il mourra le consume. Mais aussi la flamme qui le brûle va le faire poète.

Les médecins lui ordonnent de retourner aux champs. Il reprend, non sans ennui, le chemin de Pithiviers; et le voici, après les premières chevauchées de poésie et d'amour dans la grande ville, captif au presbytère de Saint-Salomon. C'est là, dans la solitude champêtre, qu'il prend ce goût vif de la nature, dont son œuvre sera imprégnée. Il travaille en secret aux vers profanes qui lui donneront la renommée; seulement, il se garde de les montrer au bon oncle, homme d'esprit, mais d'esprit un peu court. De la même plume qui va peindre en traits de feu les transports d'Héloïse et les scènes libertines et voluptueuses du *Temple de Cnide*, il versifie pour l'abbé des morceaux de l'Écriture sainte, il traduit des psaumes et des cantiques.

Un épisode de *Télémaque* lui fournit une tragédie en cinq actes, *Astarbé*. Il l'envoie à la Comédie-Française. Il est admis à la lire aux comédiens de la Maison : leur accueil est tel, qu'il abandonne décidément la procédure, pour se donner tout entier à la poésie. Il n'a pas vingt-quatre ans.

L'attentat de Damiens sur la personne du roi vient retarder la représentation de la pièce : on craignait des allusions, et l'auteur dut « bouleverser » sa tragédie. Las d'attendre ce début, il cherche autre chose et trouve, en lisant Pope, l'inspiration qui, d'emblée, va le rendre célèbre.

***

Le génie de Pope était bien, certes, pour aimanter son imagination. Cette âme triste, ardente dans un corps malade, cette versification brillante et mélodieuse, une manière nouvelle d'unir la nature à la passion dans une sorte de sympathie mélancolique, un mélange inconnu jusqu'alors de religion ou de religiosité et d'amour, tout cela prit aussitôt notre poète et, à travers lui, la société française. *L'Épître d'Héloïse à Abeilard*, de Pope, avait été accueillie en Angleterre avec un cri d'enthousiasme. Même, cet enthousiasme dure encore et Byron l'a préférée à l'ode célèbre de Sapho; Taine a remis les choses au point. *L'Épître d'Héloïse à Abeilard*, de Colardeau, fit fureur à Paris. L'héroïde était chose originale en notre littérature. Dorat, son ami, en composa d'autres, et le genre fut à la mode pendant quelque dix ans. Les femmes et les jeunes gens savaient *Héloïse* par cœur.

Cette Lettre, sans doute, paraît bien pâle aujourd'hui après Lamartine et Musset; mais cela était neuf alors, comme le nom même de l'auteur, et en France la nouveauté double le prix des choses. Une élégance naturelle, un sens exquis de l'harmonie, cet hymne païen et cette glorification de l'amour libre jusque sous les voûtes du cloître, les cris désespérés, à la Sapho et à la Phèdre, de la misérable Héloïse, cherchant à vaincre au pied des autels la passion qui, dans son cœur, lutte contre Dieu même : c'était plus qu'il n'en fallait pour voiler les fautes, les gaucheries, le désordre, où un public ravi apercevait moins la négligence du poète que la violente amour de l'héroïne.

La tragédie d'*Astarbé* fut jouée à la Comédie-Française le 27 février 1758. Elle tomba d'abord; mais elle se releva et eut dix représentations, chiffre assez élevé pour l'époque. *Tancrède* n'en eut que treize. Même on demanda l'auteur. A la vérité, l'applaudissement qu'elle obtint allait plus au tour agréable des vers qu'à la force des caractères et de l'intrigue; on accueillait avec un sourire une grande espérance, et l'on souhaitait seulement au nouveau venu le choix d'un meilleur sujet.

Il crut le trouver dans *La Belle pénitente*, de Rowe, où le dramaturge anglais avait peint les haines héréditaires des grandes familles dans les républiques italiennes, et il en tira une seconde tragédie, *Caliste*, qui fut représentée à la Comédie-Française en 1760. On y trouve, çà et là, des vers bien frappés, des traits heureux, de la précision et de la vigueur, voire même, au dernier acte, une scène bien conduite; mais, ici encore, le plan est défectueux, les personnages manquent de vie et la pièce d'intérêt. Le jeu de mademoiselle Clairon ne suffit pas à la sauver d'une critique sévère. Le poète la ressentit vivement et n'affronta plus la Comédie-Française. En 1762, il fit jouer sur le théâtre d'Auteuil, chez les demoiselles Verrières, une pièce en deux actes, *La Courtisane amoureuse*, tirée du conte de La Fontaine. Plus tard, il composa encore une comédie, *Les Perfidies à la mode ou la Jolie femme*, qui ne fut pas représentée.

Le *Venceslas* de Rotrou avait été retouché assez

malheureusement par Marmontel, pour la reprise de 1759, sur la demande de madame de Pompadour. Lekain, qui n'était pas content des changements faits par Marmontel au rôle de Ladislas, pria Colardeau de l'arranger pour la reprise de 1774. On en garda le plus profond secret. A toutes les répétitions, Lekain joua le rôle tel que le lui avait remis Marmontel ; mais, à la première représentation, il joua hardiment celui de Colardeau et fit le plus grand effet. Marmontel fut accablé d'éloges et d'applaudissements, pour les beaux vers de Colardeau.

Cependant, soit que notre poète manquât d'invention, soit qu'il manquât de force, le théâtre, décidément, n'était point son fait. Ce ne sont pas ses essais dramatiques qui sauveront son nom de l'oubli ; ce ne sont pas non plus ses imitations et ses copies de Virgile, du Tasse et de Young. Là où il est vraiment lui-même, c'est dans l'élégie.

dans l'églogue, dans la poésie fugitive, familière et intime. Pour trouver l'églogue dans notre littérature, il faut remonter, avant lui, jusqu'à Segrais, et après lui, il faut attendre jusqu'à André Chénier.

Hylas et Myrtile annoncent le Berger et le Chevrier d'André Chénier. *Les Hommes de Prométhée*, où il montre l'éclosion du sentiment et de l'amour dans les deux premières créatures animées du feu céleste, font songer parfois à certains vers des *Nouvelles Méditations*. La plus célèbre de ses poésies pastorales, adressée à M. Duhamel de Denainviliers, le frère de M. Duhamel de Monceau, membre de l'Académie des Sciences, rappelle tantôt l'élégie de Despréaux à M. de Lamoignon, tantôt certains tableaux rustiques de Verlaine. Elle respire une mélancolie pénétrante et sincère, et ce sentiment vrai de la nature, qui donne à sa Muse l'harmonie et l'éclat. C'est là aussi qu'on trouve pour la première fois ces vers descriptifs et techniques, qui seront à la mode vingt ans plus tard, et où l'habile versificateur s'amuse aux difficultés des sciences : la boussole, le baromètre, le thermomètre, le paratonnerre, l'art des constructions navales.

Et enfin, là où il me paraît préférable encore, c'est dans la poésie subjective, sentimentale, demi-lyrique, — lyrique autant que peut l'être un homme du dix-huitième siècle. Là, il est vraiment en avance sur son époque; il semble qu'il appartienne plutôt à la fin du siècle, à la génération « sensible », qu'à la Régence, au temps de la poudre, des madrigaux et des roués.

Comme tous les poètes de l'amour, il avait souffert de l'amour; il avait aimé mademoiselle Verrières l'aînée, l'arrière-grand'mère de George Sand; il l'avait disputée au maréchal de Saxe, à Marmontel, à M. de Turenne. Elle le trompait, il le savait, et il restait, « pour voir, disait-il doucement, jusqu'à quel point une femme peut tromper ».

Il épanche en jolis vers, coulants et enveloppants, à la Tibulle, son âme simple, tendre et blessée; puis il donne à l'amitié ce dont l'amour ne veut plus. Il pleure sa jeunesse si tôt fanée, sa vue obscurcie, ses amours déçues, sa gloire fugitive. Il cherche quelque adoucissement à ses maux dans le parfum des fleurs, dans le chant des oiseaux : cette musique aérienne éclaire sa nuit qui commence.

Un ami qui va le voir au printemps de 1776, quinze jours avant sa mort, le trouve étendu sur un sopha, le visage abattu, les yeux presque éteints, la voix affaiblie. Il était, dit-il, entouré de fleurs répandues çà et là, et d'oiseaux qui voltigeaient autour de lui. Les fenêtres et les volières étaient ouvertes, et les oiseaux semblaient ne pas vouloir de leur liberté pour le plaisir de rester auprès de leur aimable maître; ils semblaient vouloir le rappeler à la vie par leurs chants harmonieux.

Peu de temps après, — il n'avait plus que quelques heures à vivre, — un autre ami, Barthe, le poète marseillais, —ce Barthe qui faisait évanouir de fatigue Voltaire à Ferney en lui lisant une de ses pièces, — arrive, un manuscrit sous le bras :

— Mon cher Colardeau, je vous demande de vouloir bien entendre une pièce de moi que j'ai intitulée *L'Homme personnel*. J'ai absolument besoin de votre avis.

— Eh ! dit Colardeau, regardez-moi, mon ami. Mes moments sont comptés, et tout à l'heure je ne serai plus là.

— Malheureusement, mon pauvre ami. Mais c'est précisément pour cela que je serais heureux qu'un esprit aussi délicat que le vôtre me donnât son opinion sur mon œuvre.

— Soit, fit le mourant, la tête sur l'oreiller, contemplant, une dernière fois, le ciel d'avril à travers la vitre de sa fenêtre.

Et, résigné, il écouta *L'Homme personnel* jusqu'au dernier acte; puis, doucement, toujours :

— Eh bien, dit-il, il manque un trait à votre égoïste; oui, c'est de forcer un ami qui se meurt à écouter la lecture d'une comédie en cinq actes !

Et le 7 avril 1776, jour de Pâques, à dix heures du matin, le pauvre Colardeau expirait, achevé peut-être par cette lecture.

Il n'avait pas eu le temps d'être reçu par l'Académie française, qui l'avait élu au fauteuil de M. le duc de Saint-Aignan, le 2 mars, à quarante-trois ans et demi.

A tous ses titres, il joignait une chance : on avait tout lieu d'espérer qu'il n'occuperait pas longtemps le fauteuil qu'on lui destinait. La Harpe, qui, déjà, l'avait remplacé dans le cœur de mademoiselle Verrières, La Harpe, d'humeur si agressive et d'amour-propre si arrogant, voulut le devancer à l'Académie et employa toutes les cabales pour y entrer d'abord.

Il dut se contenter de lui succéder. Marmontel, chargé de recevoir le critique au nom de la Compagnie, fit naturellement l'éloge du prédécesseur. Il montra Colardeau semblable à ses écrits, doux, sentimental, modeste, affligé de la critique et se promettant bien de n'en jamais affliger les autres. « Voilà, monsieur, dans un homme de lettres, un caractère intéressant ! » Ce simple mot devint le signal de l'applaudissement universel. Et, à partir de là, tout le discours de Marmontel fut pris comme un persiflage et tourné contre le nouvel élu. « L'homme de lettres que vous remplacez — *pacifique*, — *indulgent*, — *modeste*, — ou du moins *attentif à ne pas rendre pénible aux autres l'opinion qu'il avait de lui-même*, s'était annoncé par des talents heureux... » A chacun de ces mots flatteurs pour le défunt, on interrompait Marmontel, qui devenait malin à son tour, plus malin, sans doute, qu'il n'avait pensé l'être, et qui, par des pauses marquées, se laissait très bien interrompre. La Harpe, cependant, faisait bonne contenance, bien qu'il ait dit depuis qu'à un moment il fut tenté de prendre la parole et d'apostropher le public. La scène eût alors été complète. Telle qu'elle se passa, cette réception à l'Académie fut une espèce d'exécution[1].

Ainsi, d'avance, Colardeau était vengé des rigueurs de La Harpe. Ce fut, d'ailleurs, sa seule vengeance : car, disait-il, « la critique me fait tant de mal, que jamais je n'aurai la cruauté de l'exercer contre personne ».

1. Voir Sainte-Beuve, *Causeries du lundi*, V.

Il serait bien surpris, certes, s'il pouvait voir cette cérémonie, lui, le timide, qui ne paraissait dans le monde qu'avec des airs d' « oiseau effarouché ».

Mais il est juste que, parmi nos gloires beauceronnes, il revive à son rang, et que Janville offre à la France son brin de laurier, dans la couronne de Mathurin Régnier, de Jean Rotrou et de Remy Belleau. Sur la vaste plaine, d'où le travail sacré fait germer, avec le pain, la puissance et la liberté de notre race, l'âme du poète veille désormais en sa nouvelle immortalité.

LA CROIX-ROUGE[1]

Mesdames et Messieurs,

Je remercie votre éminent président, M. le général duc d'Auerstaëdt, et MM. les membres du Conseil central, de l'honneur qu'ils ont bien voulu me faire en m'appelant à cette place, qui a été occupée avec tant d'éclat par tant d'hommes illustres.

Je suis sûr de répondre à vos sentiments en remerciant vos très distingués et dévoués rappor-

1. Discours à l'Assemblée générale de la *Société de secours aux Blessés militaires des armées de terre et de mer*, 24 mai 1903.

teurs des services qu'ils vous rendent chaque jour et en les félicitant des intéressants exposés que nous venons d'applaudir.

J'adresse à vos infirmières, à vos administrateurs, à vos médecins et à vos chirurgiens l'hommage de notre gratitude patriotique.

J'admirais, en écoutant votre secrétaire général, avec quelle flexibilité votre Association a su se prêter aux évolutions de notre histoire contemporaine et aux fortunes diverses de la France. Il semble qu'elle ait pris aux femmes vaillantes qui participent à ses travaux quelque chose de leur souplesse et de leur grâce. Pendant les années qui suivent la guerre de 1870, la Société de secours aux Blessés se prépare, comme la France elle-même, à l'éventualité d'une lutte continentale; elle a les yeux tournés uniquement vers les Vosges. Puis, lorsque les grandes nations européennes, gênées par la surproduction industrielle, cherchent au loin des marchés plus vastes, elle s'adapte aussitôt aux nécessités nouvelles de leur politique; sans perdre de vue ses devoirs continentaux, elle se fait, elle aussi, coloniale, et la Croix-Rouge accompagne sur tous les points du globe le drapeau tricolore. En Tunisie, au Tonkin, en Annam, au Cambodge, au Laos, à Formose, au Dahomey, au Sénégal, à Madagascar, en Crète, en Chine, partout, nos soldats et nos marins reçoivent de vos mains, avec le linge et la charpie pour les blessures, avec la quinine pour la fièvre, avec le filtre contre le typhus, le bon vin de Bordeaux, de Bourgogne ou de Provence, qui leur porte un peu du ciel de la patrie et le rayon de sa tendresse.

Même vous gagnez des victoires. Vous vous rappelez la jolie anecdocte contée par Maxime Du Camp. Pendant la campagne de Tunisie, je ne sais plus quelle tribu mécontente refusait de se soumettre et menaçait de faire parler la poudre. Mais elle était décimée par la fièvre; les femmes et les enfants mouraient. On lui expédia un médecin militaire avec du sulfate de quinine. Votre poudre fit merveille, mit la fièvre en fuite, et conquit la tribu rebelle en lui rendant la santé.

Mais vous ne vous contentez plus d'envoyer vos secours de loin et de les faire transmettre par nos médecins militaires et par nos officiers : vous les portez vous-mêmes. Pendant la campagne de Chine, vous êtes apparus sur le théâtre de l'action, en la personne de M. de Valence et de ses compagnons, MM. de Nantois et Robert Baude ; — M. de Valence, à qui l'on peut appliquer, comme à M. de Gossellin, comme à tant d'autres d'entre vous, le beau vers du poète :

La douleur élargit les âmes qu'elle fend.

Vous avez contribué ainsi au magnifique résultat constaté par M. le général Voyron :

« En quatorze mois, dit-il, sur 19,000 hommes, nous n'en avons perdu que 443, dont 181 tués à l'ennemi ou morts d'accidents. Le nombre des décès par maladie n'a donc été que de 300 hommes environ, soit un soixantième de l'effectif, proportion inférieure à la moyenne normale des garnisons en France et à celle des contingents étrangers. Un pareil résultat n'avait jamais été atteint dans aucune expédition coloniale. »

Vous avez eu votre part de ce succès, qui fait le plus grand honneur et à l'intendance et au service de santé.

Aussi, depuis trente ans, de toutes ces plages lointaines, des rizières de l'Indo-Chine comme de la brousse malgache, des sables brûlants de l'Afrique comme des glaces du Petchili, monte vers la Croix-Rouge un acte ininterrompu de reconnaissance et d'amour filial; et les témoignages émus que vous ont adressés, au nom de leurs troupes, les vaillants qui les conduisaient, les Borgnis-Desbordes, les Frey, les Duchesne, les Galliéni, les Dodds, les Trentinian, les Voyron, les Bailloud, les Pottier, ces lettres qui marquent chacune de vos étapes glorieuses, sont vos titres de noblesse.

Vous avez donc fait beaucoup déjà pour le pays; le pays, lui, a-t-il fait assez pour vous? Montre-t-il assez de prévoyance? Les chiffres qu'on nous donnait tout à l'heure me remettaient en pensée certains autres chiffres, les 70 millions de la Croix-Rouge allemande, par exemple, les

33 millions de la Croix-Rouge russe, les 700,000 adhérents de la Croix-Rouge japonaise. Nos armées de secours devraient être égales en nombre et en discipline à nos armées de combat. Là aussi il nous faudrait le service universel, — obligatoire, celui-là, non par la loi, mais par le devoir.

Et cet élan unanime serait d'autant plus nécessaire, que votre dévouement ne s'arrête pas aux frontières de la France. Vous secourez les blessés et les malades de tous les pays ; on vous trouve sur tous les champs de bataille, dans toutes les guerres, jusque dans celles dont nous pouvons souffrir indirectement. On vous a vus en Égypte, au pied des Balkans, en Grèce, au Japon, à Cuba, au Transvaal. L'ennemi même, blessé en portant les armes contre la France, vous le relevez, vous le sauvez, comme s'il était son fils.

Votre œuvre est à la fois patriotique et internationale, et c'est là ce qui en fait la grandeur et la singulière beauté.

Deux grands courants traversent, à cette heure, les sociétés humaines : d'une part, l'idée nationale, la patrie, avec l'héritage de ses traditions séculaires, avec le poids de sa lourde armure, avec ses instruments nécessaires de défense et de salut ; d'autre part, les progrès de la civilisation générale et de la science, la solidarité croissante des intérêts et des idées, les ententes internationales, un droit nouveau, plus juste et plus humain, qui monte des profondeurs sanglantes du passé. A certaines heures, ces deux courants se heurtent, et la conscience populaire en est douloureusement remuée. Ils doivent s'unir pourtant.

Il a fallu des siècles, et aussi une circonstance fortuite, pour que cette idée si simple, si naturelle, la neutralisation, en temps de guerre, des blessés, de ceux qui les ramassent, de ceux qui les soignent, et des ambulances qui les abritent, vînt à l'esprit d'un homme de cœur, et pour qu'elle s'imposât ensuite, non sans difficulté et sans hésitation, aux gouvernements des États civilisés. Il n'y a pas quarante ans, ce qu'on appelait les lois de la guerre permettait de bombarder les ambulances, de faire prisonniers les médecins militaires, de s'emparer des services de santé et de vider les hôpitaux des vaincus au profit des vainqueurs. Sans le hasard qui conduisit un Suisse, M. Dunant, sur le champ de bataille de Solférino, qui sait où nous en serions encore aujourd'hui?

Il faudrait avoir peu d'avenir dans l'esprit, pour ne pas comprendre que certaines idées qui paraissent encore chimériques à un grand nombre de personnes finiront par se réaliser quelque jour. En tout cas, nous ne devons rien négliger pour essayer de prévenir le plus souvent possible les conflits entre les nations, conformément aux principes qui ont été posés à la Conférence de La Haye.

Mais, en même temps, nous ne saurions perdre de vue que le développement même des intérêts économiques, en rapprochant les peuples, peut faire surgir entre eux de nouvelles causes de querelles, comme aux Philippines, à Cuba, au Transvaal. Et suivant le mot de M. Roosevelt : « Il y a pour une nation un mal pire que la guerre, c'est la perte de son indépendance. »

Or, s'il est un peuple dont la puissance est un élément essentiel de la civilisation, du progrès et de la justice, c'est assurément le nôtre, car aucun n'a ajouté plus d'équité et de grandeur morale au patrimoine commun de l'humanité. L'affaiblir, c'est porter atteinte à la civilisation tout entière; le fortifier, c'est affermir l'idée du droit dans la conscience universelle.

Voilà comment se concilient dans une harmonie supérieure les deux grandes idées qui agitent notre temps. La Croix-Rouge est le signe vivant de cette conciliation nécessaire. Vous avez le privilège de résoudre par votre action quotidienne la contradiction qui tourmente le siècle. Vous fondez à la flamme de vos cœurs l'or pur de ces deux sublimes vertus : l'amour de la patrie et la fraternité humaine!

L'ESPRIT DE LA RÉVOLUTION FRANÇAISE

Dans les dernières années de sa vie, Michelet disait de son *Histoire de France* : « C'est un trop lourd bagage pour atteindre les masses ; il faut se simplifier si l'on veut arriver aux enfants, aux lecteurs peu lettrés. L'enseignement de l'histoire devrait faire la base de l'éducation nationale. » Cette pensée de l'illustre historien, madame Michelet l'a réalisée en publiant le *Précis de la Révolution*[1]. Difficile tâche, que de resserrer ainsi, de condenser une œuvre si consi-

1. *Précis de la Révolution française*, par J. Michelet.

dérable, d'éviter les longueurs sans rien sacrifier d'essentiel, de réduire le monument sans en altérer les lignes ni les proportions! Il y fallait non seulement la main la plus habile et la plus exercée, mais le soin pieux, le culte de la femme associée pendant plus de vingt ans aux travaux de l'écrivain, de celle qu'il appelait « sa seconde âme ». Ce *Précis* est un modèle en son genre; le style, la couleur, le mouvement, la vie, la richesse des détails et des faits, toutes les qualités maîtresses que nous admirons dans la grande *Histoire* se retrouvent dans ce bref récit. Ce sera une récréation pour les enfants de nos écoles, de se jeter dans ce drame enflammé de la patrie. En apprenant l'histoire, ils apprendront aussi à écrire, et la langue française y gagnera, comme la France elle-même.

Michelet a admirablement senti, rendu l'esprit de la Révolution, qui était le sien. La Révolution ne fut pas seulement française, elle fut humaine, lorsque, dans la nuit du 4 août, les Ordres privilégiés firent eux-mêmes le sacrifice de leurs privilèges sur l'autel de la patrie; humaine, lorsque les fédérations de provinces, entraînées par un sublime élan de fraternité, créèrent l'unité nationale en fait avant qu'elle ne s'organisât en droit, « pareilles à ces grandes farandoles du Midi, où chaque bande de danseuses donne la main à une autre et où la même danse emporte des populations entières »; humaine enfin, lorsque ces fédérations pacifiques de 1790 devinrent les bataillons frémissants de 1792, lorsque nos volontaires défirent la contre-Révolution à Valmy, en Savoie, sur le Rhin, à Jemmapes. Sur tous ces champs de bataille, ce ne fut pas seulement la France qui triompha, ce fut l'humanité.

Pourquoi la Révolution, d'abord si pure, n'a-t-elle pas gardé ce caractère? Pourquoi, après des désordres sans nom, a-t-elle abouti au despotisme? Pourquoi, une fois la royauté disparue, la Révolution n'a-t-elle pas fondé en France la liberté, comme la révolution de 1688 l'avait fondée en Angleterre? Ce n'étaient ni les lumières ni le patriotisme qui manquaient aûx hommes de la Convention, surtout à ceux qui, dans les premiers jours, y possédaient la plus grande part d'influence et qui auraient dû la conserver. Les Girondins avaient en eux l'âme de la Révolution; mais il leur manquait ce qui ne s'acquiert que par la longue pratique du *self government*, l'esprit politique. Où donc le Tiers-Etat aurait-il appris la liberté, puisque ses principaux représentants, les hommes de loi, appliqués avant tout à fonder l'unité française par la monarchie, avaient détruit, non seulement les privilèges féodaux, mais aussi les franchises municipales, c'est-à-dire l'école où notre bourgeoisie se fût formée à la liberté? Les hommes de 89 purent tout faire, excepté donner une éducation politique aux classes moyennes. Les siècles seuls peuvent déposer lentement dans chaque génération le sens réfléchi des droits et des devoirs politiques. Et comment, où auraient-ils appris à gouverner, j'entends à gouverner au sens pacifique, régulier et légal du mot, ces hommes hier encore perdus dans la foule obscure, qui avaient tous les devoirs et point de droits, sujets de pères en fils depuis tant de siècles, roulés pêle-mêle sous le niveau du pouvoir absolu, ne connaissant des affaires publiques que les abus invétérés dont ils souffraient? Ils furent admirables de patriotisme, ils sauvèrent la France de la domination étrangère, ils ne purent la sauver de la tyrannie.

Et cependant, aux premiers jours de la Convention, à cette heure où, par trois milliards de propriétés vendues, par trois millions d'épées tirées, la Révolution était faite, les Girondins auraient pu devenir les maîtres de l'Assemblée, garder le gouvernement de la France, la sauver de la dictature de Robespierre.

***

Représentez-vous la Convention dans ses premières séances : à une extrémité, la Gironde; à l'autre, la Montagne; les Girondins accusant les

Montagnards de pousser à la désorganisation sociale pour aboutir à la tyrannie et les flétrissant du nom de *Septembriseurs*, bien qu'ils n'eussent point fait septembre (sauf Marat et deux ou trois hommes de gauche); les Montagnards traitant les Girondins de royalistes, bien qu'ils eussent fait la République, les accusant de vouloir le démembrement de la France en plusieurs républiques fédérées, bien qu'ils eussent contribué plus que personne à l'unité de la nation. Erreur et injustice des deux parts!

Sur 745 membres que comptait la Convention, 500 n'étaient ni Girondins ni Montagnards; de quel côté se porterait cette masse flottante?

Au début, la supériorité de la Gironde est indiscutable. Le bureau de l'Assemblée est tout entier composé de ses hommes. Dès le 24 septembre, Vergniaud s'attaque à Robespierre et à Marat; il rappelle que Robespierre, dans l'affreuse nuit du 2 au 3 septembre, l'a accusé, lui Vergniaud, ainsi que Brissot, Guadet et Condorcet, de livrer la France à Brunswick. « Le moment était venu pour Robespierre de s'expliquer; il ne répondit rien, accepta l'accusation et garda la tache; il la garde pour l'avenir. »

Dans la même séance, la Gironde attaque violemment Danton, qu'elle affecte de confondre avec Robespierre et Marat. Danton répond de haut et désavoue Marat. Voilà l'occasion qu'il fallait saisir : en attirant à elle cette grande force, ce poids énorme, la voix de Danton, en l'éloignant de Robespierre, la Gironde se fût rendue maîtresse de la majorité et eût paralysé la Montagne. Vergniaud uni à Danton eût annulé Robespierre. Et quel admirable parti ils auraient pu former! Le parti des lumières, de l'éloquence et du génie, Carnot, Cambon, tous ces hommes d'élite, indépendants, qui ne subirent jamais le joug des jacobins!

Vergniaud le sentit; ses amis ne le comprirent point : eux *qui n'avaient pas su garder le pouvoir*, ils en voulaient à Danton de s'y maintenir; sa supériorité politique était évidente; ils craignaient, en s'alliant à lui, d'en être dominés. Les grandes affaires dans lesquelles Danton avait dû jeter l'argent à profusion, — argent dont ils venaient maintenant lui demander compte, — ces affaires étaient dans ses mains parce qu'ils s'étaient montrés incapables de les conduire; ils voulaient le forcer à s'expliquer sur les dépenses secrètes qu'il avait dû faire au ministère de la justice, dépenses de diplomatie et de police, sur lesquelles il ne voulait ni ne pouvait donner de détails. Provoqué par la Gironde, en butte à ses défiances et à son hostilité, il dut lutter malgré lui, sentant que chacun des coups qu'il portait était une blessure pour la République elle-même. « En vain, plus d'une fois, de la Montagne à la Gironde, il tendit sa grande main au nom de la patrie. Les Girondins forcèrent Danton de les perdre, de les livrer à Robespierre, qui emporta Danton et fut emporté, et la République avec eux. » Lorsque, le 19 octobre, la Gironde frappa la Montagne en même temps que la Commune en décrétant la reddition des comptes de la Commune et du pouvoir exécutif (c'est-à-dire de Danton), Robespierre, chef moral des jacobins, devint le chef politique de la Montagne aussi bien que de la Commune : « La Révolution, dès lors, allait, froide et terrible, derrière un raisonneur abstrait qui n'en représentait nullement les instincts magnanimes ».

***

L'alliance entre Danton et la Gironde n'eût pas été moins utile au point de vue de l'étranger que de l'intérieur. Après Valmy et la retraite des Prussiens sur Coblentz, Dumouriez accourt à Paris et réunit, dit-on, Danton et les principaux Girondins à sa table. « Les forçant à rompre le pain ensemble, il crut les avoir rapprochés, et il se trompa La Gironde resta fermée. Si elle donnait la main, c'était sans le cœur. »

Le 30 novembre, Danton, traité déjà d'*indulgent*, comme Desmoulins et Fabre d'Églantine, pour avoir dit, parlant du procès du roi : « Une nation se sauve, mais ne se venge pas », Danton fait un suprême effort pour l'unité de la patrie et demande une dernière entrevue avec les chefs de la Gironde. Elle eut lieu, le soir ou la nuit, dans une maison de campagne, aux environs de

Sceaux. On ne sait que le dernier mot, mot très fort, où Danton alla loin, descendit, fit céder son orgueil : « Guadet, Guadet, tu as tort; *tu ne sais point pardonner*... tu ne sais point sacrifier ton ressentiment à la patrie... Tu es opiniâtre, et tu périras! »

Et cependant, à ce moment, la suprématie de Danton n'était plus à redouter; Vergniaud, Condorcet, Brissot même et Clavières, le ministre des finances, n'eussent pas été éloignés de traiter : Roland fut implacable.

C'en est fait, la Gironde livrée à elle-même commet faute sur faute et, en paraissant vouloir défendre l'inviolabilité du roi, renforce les violents.

« Ils n'étaient pas soixante à la Montagne qui voulaient la mort du roi; mais, du moment que les champions insensés de l'inviolabilité eurent l'air de vouloir les couvrir du bouclier de la loi, les soixante devinrent les ministres de l'indignation publique; ils se virent suivis d'un grand peuple; la modération et la clémence devinrent impossibles. »

Les fautes politiques de la Gironde paraissent encore plus regrettables, sa décadence plus désastreuse, lorsqu'on voit quels trésors d'éloquence et de grandeur d'âme elle renfermait. Dans cette terrible lutte, elle fut admirable jusqu'à la fin. Vous vous rappelez, le 12 avril 93, la réponse de Vergniaud à un odieux réquisitoire de Robespierre : « Vous nous reprochez d'être modérés, rendez-nous en grâce !... Quelques hommes font consister le patriotisme à tourmenter, à faire couler les larmes ; je voulais qu'il fît des heureux. La Convention, ce centre de ralliement où regardent sans cesse tous les citoyens et peut-être avec effroi, j'aurais voulu qu'elle fût le centre des affections et des espérances. On croit consommer la Révolution par la terreur, j'aurais voulu la consommer par l'amour !... » Et lorsque la Convention, émue par ces belles paroles, demande le renvoi du réquisitoire aux Assemblées primaires, — appel au peuple qui aurait eu pour effet d'exclure Marat, Robespierre, Danton lui-même, de la Convention et assuré le triomphe des Girondins, — Vergniaud vint combattre la proposition et montrer que la convocation des Assemblées primaires pourrait sauver la Gironde, mais qu'elle perdrait la France en faisant éclater la guerre civile; qu'il valait mieux que la Gironde pérît. « La Gironde baissa la tête, personne ne contredit; la Montagne elle-même frissonna d'admiration. Vergniaud, pour la seconde fois, avait ouvert le gouffre de Curtius, le gouffre où la patrie en péril précipita pour son salut tout ce qu'elle avait de meilleur. »

Dès lors, c'est l'agonie, et nous saluons une dernière fois l'héroïque Vergniaud et ses amis le 30 octobre, dans les charrettes qui les portent de la Conciergerie à l'échafaud. « Au moment où le funèbre cortège sortit de la sombre arcade, un chœur ardent et fort commença en même temps, une seule voix de vingt voix d'hommes, qui fit taire le bruissement de la foule, les cris des insulteurs gagés. Ils chantaient l'hymne sacré : « *Allons, enfants de la patrie!* » Cela continua jusqu'à l'échafaud. « Le chœur allait en diminuant à mesure que la faux tombait. Rien n'arrêtait les survivants, on entendait de moins en moins dans l'immensité de la place. Quand la voix grave et sainte de Vergniaud chanta la dernière, on eût cru entendre la voix défaillante de la République et de la Loi mortellement atteintes et qui devaient survivre peu. »

Après les Girondins, les Dantonistes. Robespierre frappe le théâtre en la personne de Fabre, la presse avec Desmoulins, la tribune avec Danton. Le tyran, passé demi-dieu, affirme qu'il tient son pouvoir, « non de l'Assemblée, mais de la patrie ». Nous retrouverons cette phrase, quelques années plus tard, dans le *Moniteur de l'Empire français*. Et la France, souillée et innocente de tant de sang versé, sera ballottée longtemps encore de révolutions en coups d'État, d'anarchie en dictature, de guerres civiles en invasions. Puissent ses malheurs lui apprendre à se gouverner définitivement elle-même et à garder la liberté politique, que la Révolution, créatrice de l'égalité civile et de la liberté du travail, avait été impuissante à lui assurer !

LES SOLDATS DE LA RÉVOLUTION[1]

Il faut que ce petit livre pénètre dans nos écoles, éveille les jeunes courages, fasse jaillir des âmes encore ignorantes d'elles-mêmes l'étincelle. Il faut que l'enfant obscur de nos campagnes, fils de palefrenier comme Hoche, fils de terrassier comme Kléber, fils de maçon comme Augereau, puisse allumer son cœur à cette flamme.

Par l'acte du 23 mai 1789, Louis XVI déclare qu'il ne changera jamais *l'institution de l'armée*,

1. A propos du livre de Michelet.

c'est-à-dire que la noblesse aura toujours les grades, que le roturier ne pourra monter, que le soldat mourra soldat. Alors Jourdan, Joubert, Kléber quittent l'armée, sans espoir. Augereau, Hoche, Marceau, Masséna, Soult, Ney, Murat, Oudinot, Victor Lefebvre, Bernadotte sont sous-officiers ou soldats; Moncey, Davoust, Macdonald, Kellermann, Marmont, Clarke, Sérurier, Pérignon, sous-lieutenants; La Tour d'Auvergne, de trop petite noblesse sans doute pour monter plus haut, meurt d'ennui au bout de dix-sept ans de lieutenance; tous, cloués là, aux rangs inférieurs, tandis que des colonels au biberon tètent à la barbe de nos vieux soldats. Mais aussi, quand les barrières s'abattent, quel éveil, quel essor, quelle magnifique explosion d'héroïsme et de génie!

Le caractère de ces hommes, qui ont si longtemps souffert du privilège, est le sentiment du droit, l'amour de la justice, l'ardente générosité. Leurs écrits, leurs paroles, tout ce qui reste d'eux les montre citoyens avant tout, obéissant aux lois jusqu'à la mort.

Dès que Hoche a défait les Vendéens, il s'empresse de lever l'état de siège : « Le gouvernement militaire, écrit-il, ne peut convenir à des hommes qui ont acheté de leur sang la liberté française... Que serait-ce qu'une République dont une portion des habitants serait soumise à un seul homme?... »

Apprenant qu'un de ses officiers vexe l'autorité civile, il lui écrit : « Fils aînés de la Révolution, nous abhorrons nous-mêmes le pouvoir militaire », et il le destitue.

L'humanité, c'est-à-dire l'âme du XVIIIe siècle, anime ces guerres de foi et d'amour, guerres saintes, guerres pacifiques. Relisons les lettres de Hoche. Il écrivait beaucoup; malheureusement, il perdit une grande partie de ses papiers dans sa première campagne sur le Rhin; et son beau-frère Delabelle, allant en Italie, perdit encore une partie de ce que Hoche lui avait confié. Il nous reste cependant un assez grand nombre de lettres du pacificateur de la Vendée. On le voit toujours empressé à s'effacer et à faire valoir les autres, pitoyable aux faibles, aux malheureux, aux vaincus.

Dans la campagne de Vendée, il écrit à un de ses lieutenants : « N'oublie jamais que ce sont des Français que tu arrêtes, et que tu ne dois les traiter en ennemis que lorsqu'ils t'y contraignent par leur rébellion. J'attends que tu mettras dans cette expédition toute l'humanité qui caractérise les républicains. »

C'est la parole de Marceau, pleine d'une sublime tristesse : « Ne parle pas de mes lauriers, ils sont trempés de sang humain ! »

Même envers les ennemis de la France, dès que le combat est fini, nos héros se retrouvent bons et fraternels. Après la bataille de Valmy, les Français, voyant passer par charrettes les Prussiens malades, pâles de faim et de fièvre, brisés par la dysenterie, s'arrêtent court et les laissent partir. Ceux qu'ils gardent, c'est pour les soigner dans nos hôpitaux.

« A Strasbourg, soldats et bourgeois traitèrent les prisonniers comme des frères ; on partagea le pain et les provisions avec eux, on emplit leurs poches de journaux et de brochures patriotiques, et, quand ils partirent, on fit une contribution générale pour leur acheter du tabac. Les nôtres cependant n'avaient pas même de souliers.»

A plus forte raison la fraternité est-elle la loi entre Français. Hoche se plaît à réunir les hommes qui ont mêmes affections : « Il ne faut pas séparer, disait-il, le général Richepanse, connu des chasseurs à cheval, du général Lefebvre, qui l'estime et l'honore, ni le général Klein, connu des dragons, de Championnet dont il fut l'ami[1]. »

L'armée devenait ainsi une grande famille, dont Hoche était le père. Il y était aimé jusqu'au fanatisme. C'est que lui-même il aimait. C'était sa maxime : « Pour être aimé, il faut aimer. » Il aimait non seulement ses inférieurs, non seulement ses égaux, mais ses chefs. Robespierre avait senti et redouté ce rayonnement magnétique; il avait dit : « Voilà un homme infiniment dangereux! »

1. *Mémoires de Ney*, t. I, p. 328.

Michelet demandait un jour à un général contemporain des hommes de cette époque : « Mais enfin, qui l'eût emporté des deux rivaux, Hoche ou Bonaparte? » Le général répondit : « Contre ce terrible calculateur, Hoche aurait eu une chance : il était aimé. »

La Tour d'Auvergne, retiré à Passy à cinquante-quatre ans, pauvre, sans argent, sans domestique, apprend que l'unique fils de son vieux professeur, seule ressource de l'octogénaire, va lui être enlevé par la conscription. L'ancien héros de la guerre d'Espagne n'hésite pas : il s'engage à la place du jeune homme comme simple grenadier et va se faire tuer en Bavière. Aussitôt, les soldats demandent et obtiennent que son nom sera inscrit à la tête du contrôle et que son cœur leur restera. Ainsi le bon capitaine continue de suivre l'armée, au milieu de ses camarades. Il reste là, sous le drapeau, et ne manque pas à l'appel.

Lorsque, après brumaire, Bonaparte le nomme membre du Corps législatif, l'autre répond : « Je ne sais pas faire les lois, je ne sais que les défendre. »

Carnot le nomme, sans le prévenir, *premier grenadier des armées de la République*. La Tour d'Auvergne apprend la nouvelle avec désespoir. Il avait réussi jusqu'alors à éluder l'avancement; il avait esquivé tout ce que recherchent les autres : grades, honneurs, distinctions. Il avait espéré mourir simple soldat de l'armée. Il écrit à un de ses camarades : « Tout me fait un devoir de m'excuser d'accepter un titre qui ne me semble applicable à aucun soldat d'un corps où il n'y eut jamais ni premier ni dernier... Je suis trop jaloux de conserver des droits à l'estime de ces braves et à leur amitié, pour consentir à aliéner de moi leur cœur en blessant leur délicatesse. Les voies où j'ai marché ont toujours été droites... »

Dans une autre lettre à son imprimeur breton : « Vous me félicitez, dit-il, mais jamais je n'ai eu plus besoin de consolation... Cette palme eût dû toujours rester flottante sur tous les guerriers français... »

Sentiment exquis, charmante image, qui pourrait symboliser l'idée même du livre ! Dans ces armées, chez ces héros de la République, le désintéressement est la loi. Desaix ne veut jamais commander qu'en second; Kléber refuse plusieurs fois le rang de général en chef; en Vendée, il le fait donner à son ami le jeune Marceau, lui laissant tout l'honneur, ne partageant que le péril et la responsabilité. « Hoche, général de trois armées, dictateur de la Vendée et de la Bretagne, malade de ses fatigues, se croit tenu d'écrire au Directoire qu'il prend quelques livres de sucre aux magasins immenses délaissés sur la plage par les Anglais. »

Michelet raconte qu'en écrivant ces légendes immortelles, il avait autour de lui les figures de ces fils de la République, qui, nés d'elle, moururent avec elle. Le soir, aux derniers reflets du jour, le grand travailleur se levait de sa table et se promenait au milieu d'eux, évoquant dans l'obscurité naissante de la nuit ces ombres augustes :

« Et quand parfois, en les regardant, je me demandais ce qui faisait la tristesse de ces fiers et doux visages : Ce n'est point, me disaient-ils, notre mort précoce, notre destin inachevé. Notre vie courte n'en fut pas moins entière. Nous fûmes les soldats de la loi, nous mourûmes avec la République. De quoi nous plaindrions-nous ? Ce qui met sur nos visages le nuage que tu vois, c'est que nous ne sommes pas morts tranquilles. Nous avons vu commencer ce qui nous fut odieux : l'adoration du succès et la religion de la force. »

Ainsi l'historien s'entretient avec ses héros, et leur âme répond à la sienne. A la façon dont il conte leur vie, on voit qu'il est de la famille. Ce qui l'émeut, c'est la gloire impersonnelle de ces grandes fédérations armées, le dévoûment obscur, l'héroïsme ignoré. Et ce sentiment de justice lui inspire la plus belle page de son livre :

« J'étais enfant en 1810, lorsqu'au jour de la fête de l'empereur, on laissa tomber les toiles qui cachaient le monument de la place Vendôme, et la colonne apparut. J'admirais avec tout le monde. Seulement, j'aurais voulu savoir les noms des hommes d'airain figurés au bas-relief : « Et tous ceux-là, disais-je, qui montent autour de la colonne, comment les appelle-t-on?

« Ils montent, aveugles, intrépides : ils montent, combattant toujours, comme s'ils allaient pousser la bataille jusque dans le ciel. La spirale tout à coup s'arrête... Et tout ce peuple sans nom devient le marchepied d'un seul.

« La même pensée m'est revenue souvent dans mes promenades rêveuses, aux Invalides et à l'Arc-de-Triomphe. Sur ces nobles monuments, je vois le roi et l'empereur, je lis les noms des généraux; cela m'instruit, cela me touche. Et pourtant ce n'est pas assez, j'aurais voulu connaître aussi le grand peuple obscur, oublié, qui a donné sa vie dans ces longues guerres. »

Alors, entraîné par ces enfants du peuple, il monte avec eux la spirale infinie, et il devient, lui aussi, un héros de la Révolution.

LE SAUVETAGE DE L'ENFANCE[1]

Mesdames et Messieurs,

Il y aura demain dix-huit ans, le 16 juin 1887, deux nobles femmes, madame Caroline de Barrau et madame Pauline Kergomard, lançaient un émouvant appel en faveur du sauvetage de l'enfance maltraitée ou moralement abandonnée. Quelques jours après, une dizaine de personnes, d'opinions politiques, philosophiques, religieuses diverses, se réunirent chez madame de Barrau et fondèrent l'*Union Française*. Moins d'un an

1. Discours à l'Assemblée générale de l'*Union française pour le Sauvetage de l'Enfance*, 15 juin 1905.

après, l'assemblée générale des membres de l'Association approuvait les statuts et nommait le comité.

Il fallait un nom placé au-dessus des partis et des rivalités de confessions et de sectes. On choisit Jules Simon. Et vous ne serez pas surpris, Mesdames et Messieurs, que ma première parole soit pour saluer la mémoire de l'homme qui fut le maître de mon père et le mien, et qui, suivant l'expression de M. Henri Monod, fut jusqu'à sa dernière heure le cerveau et l'âme de notre Société.

Il avait occupé les plus hautes fonctions de l'État, il était monté au faîte des honneurs; mais je suis bien sûr qu'au seuil de la vieillesse, jetant un regard sur sa vie si laborieuse et si pleine, il mettait au-dessus de ces honneurs, au-dessus des succès de la politique, au-dessus des triomphes de la tribune et des acclamations enthousiastes des assemblées et des foules, la joie pure de donner une famille à ceux qui n'en avaient pas et le sourire de ces petits êtres, qu'il contribuait à arracher au vice, à la misère et à la honte.

Je l'entends encore, dans ces causeries familières et touchantes qu'il appelait ses homélies. Il pensait à mi-voix, il laissait parler son cœur, et jamais peut-être il ne fut plus orateur que dans ces instants où il s'oubliait et se donnait tout entier. Le noble vieillard allait ainsi à travers le monde de la douleur, versant à tout ce qui lutte, à tout ce qui souffre, la rosée de son âme et la splendeur dernière de ses talents dédaignés. Et il semble qu'aujourd'hui nous entendions monter vers lui l'hommage de tous ceux qu'il a secourus, qu'il a sauvés, l'hommage le plus doux à son cœur : le cri de la reconnaissance humaine.

A côté de Jules Simon, c'était l'autre grand protecteur de l'enfance, l'autre grand philanthrope, le principal auteur de cette loi de 1889 dont notre Association est le principal auxiliaire, Théophile Roussel. Puis, c'était notre vénéré maître Frédéric Passy, auquel nous envoyons tous nos vœux : puisse-t-il rester longtemps encore à notre tête, et puissent les générations nouvelles suivre ses inspirations si généreuses et si humaines!...

***

On vient de vous expliquer en excellents termes le programme de notre œuvre. Pour qu'une association réussisse, il faut qu'elle ait un dessein limité et précis. Nous ne nous occupons pas de recueillir les enfants pauvres, les orphelins, les enfants *matériellement* abandonnés, ce n'est point là notre affaire : nous nous attachons à préserver du mal physique et moral les enfants *maltraités* ou *moralement abandonnés.*

C'est toujours la même navrante histoire : le père alcoolique, débauché; la mère perdue; l'enfant sans abri, sans vêtements, sans pain, courant les rues des grandes villes ou les routes des campagnes, mendiant, exploité par des parents indignes.

Et vous apercevez ici les deux domaines bien distincts de l'assistance publique et de la bienfaisance privée. Ce que peut faire l'État, l'initiative privée ne peut pas toujours le faire, et réciproquement. Les pouvoirs publics sont seuls assez puissants pour lutter, par exemple, contre les grands fléaux collectifs, épidémies, inondations, etc. L'État seul peut suffire à certains services que j'appellerai jusqu'à un certain point des services de sûreté générale : les aliénés, les sourds-muets, les aveugles, les enfants assistés. Et je voudrais bien pouvoir ajouter aux missions nécessaires de l'État la lutte contre le grand pourvoyeur de la misère, l'alcoolisme, car il est inouï qu'il faille tant de formalités pour élever un hôpital ou un hospice, tandis qu'il n'en faut aucune pour ouvrir un cabaret.

A l'inverse, il est un domaine où l'Etat ne saurait égaler l'initiative privée, c'est le nôtre, c'est celui de l'assistance par le travail. Pourquoi ? Parce que l'État est un déplorable entrepreneur. Or, l'assistance par le travail doit s'étendre de plus en plus, parce que le travail ennoblit l'homme et le relève, tandis que l'aumône risque de l'humilier, de le dégrader, en lui ôtant le goût de l'action.

Je ne me livrerai pas ici à une comparaison oiseuse entre les mérites et les inconvénients respectifs de l'assistance publique et de la bienfaisance privée. L'assistance publique — on l'a dit souvent — soulage quelquefois les faux pauvres plus que les vrais; elle est forcée de s'astreindre à des cadres fixes, rigides, tandis que la bienfaisance privée se plie à tous les besoins et prend mille formes, comme la misère elle-même. Ces deux mots « *charité légale* » hurlent de se trouver accouplés, car la charité est un don de soi-même; il ne suffit pas de secourir le corps, il faut conquérir l'âme, pour la relever.

Du reste, je trouve dans un rapport de l'assistance publique un éloge très juste et très fin de l'assistance privée :

« Mettant en jeu les plus nobles sentiments, l'assistance privée fournit à la fois, lorsqu'elle est donnée avec discernement, un secours matériel et un secours moral... »

C'est notre cas.

« Elle apporte un esprit de sacrifice, une ingéniosité dans les procédés, une équité dans l'application, qu'on demanderait vainement à l'assistance publique. Enfin, celle-ci doit surtout marcher dans les sentiers battus, laissant à l'initiative privée l'honneur trop onéreux de faire des essais, de tenter des innovations. »

C'est ce que nous essayons de réaliser.

***

Vous venez de voir ce que nous faisons de nos enfants. Quand l'enquête a montré la nécessité de les recueillir, on commence par les envoyer à l'asile de Neuilly; on les nettoie, on les habille; puis on les place, de préférence à la campagne, chez des cultivateurs; on leur donne ainsi à la fois l'air qui leur manquait et la famille qui leur faisait défaut. On leur apprend un métier; ils sont forcés d'aller à l'école; on les dote : des jeunes filles, dotées par nous, se sont très bien mariées, deviennent d'honnêtes femmes, de braves Françaises, et surveillent à leur tour nos pupilles.

De 1888 à la fin de 1904, la Société s'est occupée de 6,208 enfants. Pour 811, des avertissements sérieux ont été donnés aux parents et on les a surveillés chez eux. 356 ont été confiés par l'intermédiaire de la Société à l'Assistance publique ou à différentes œuvres. Enfin 1,604 enfants (971 garçons et 633 filles) ont été adoptés et élevés par la Société.

Je vous disais qu'on leur donnait une dot; ce n'est pas tout. On vous a parlé des livrets de Caisse d'épargne; ce n'est pas tout encore.

Vous envoyez vos enfants à la mutualité scolaire, et ainsi vous ne leur donnez pas seulement une leçon de générosité et de fraternité, vous créez une des pièces maîtresses de la future organisation des retraites, un des moyens de concilier le développement des œuvres mutualistes avec l'intérêt sacré des misérables qui ont un salaire trop minime pour pouvoir cotiser à la société de secours mutuels. Vous donnez là un exemple dont on ne saurait assez vous remercier.

Mesdames et Messieurs, le *Sauvetage de l'Enfance* a déjà quelques sections départementales, notamment dans le Midi; mais ce n'est qu'un commencement; nous devrions avoir des sections un peu partout, dans toute la France. Je voudrais que notre propagande devînt plus active. Il faut que nous ayons un rayon d'action plus vaste et que nous établissions un réseau sur toute la surface du pays pour saisir les enfants moralement abandonnés partout où ils se trouvent. Nous sommes 3,300 : c'est bien; mais nous devrions être 300,000.

M. Brueyre vous parlait tout à l'heure de l'application de la loi de 1889, qui attribue à notre Société la tutelle des enfants qu'elle recueille. Or, pourquoi cette loi sur la déchéance paternelle, qui fonctionne assez bien dans les départements, fonctionne-t-elle mal à Paris? C'est d'abord parce que les magistrats parisiens sont surchargés de besogne et qu'ils ne sont pas fâchés, quand le cas est douteux, de classer le dossier, tandis qu'en province nos magistrats ont un peu plus de loisirs; puis, parce que le scandale est plus facile à saisir en province, de voisin à voisin, que dans les grandes villes, où l'on change souvent de domicile et où personne ne s'occupe de son voisin. Ce sont là les premières raisons; mais il y en a d'autres, qui tiennent à la loi elle-même.

La première, c'est que, quand le tribunal prononce la déchéance de la puissance paternelle, il ne la prononce pas seulement pour l'enfant dont il s'agit, il la prononce pour tous les enfants, même à venir. C'est infiniment grave, et beaucoup de magistrats hésitent — et on le comprend — devant ce texte.

Il y a une autre raison, c'est que, si aucun parent ne présente de garanties suffisantes pour être tuteur, le tribunal confie la tutelle à l'Assistance publique ; or, souvent, le juge ne se soucie pas de livrer les enfants à cette grande société anonyme où peut-être ils ne seront pas mieux traités que dans leur famille. Il faudrait que la loi fût plus large et plus souple, — c'est toujours le formalisme français qui vraiment pèse trop sur nous; — il faudrait que des œuvres privées comme la nôtre fussent appelées à recueillir ces enfants au sujet desquels on prononce la déchéance de la puissance paternelle. Il y a là diverses réformes qui dépendent du législateur, qui par conséquent me regardent un peu, et, avec les jurisconsultes éminents qui font partie de la Société, je ne désespère pas d'arriver à obtenir un jour les modifications législatives nécessaires.

Ah! Messieurs, les œuvres comme celle-ci sont une réponse vivante aux maximes désenchantées des philosophes pessimistes et moroses qui vont disant qu'il n'y a en ce monde que la morale de l'égoïsme et de l'intérêt. Elles leur répondent qu'au-dessus de la morale de l'égoïsme il y a la morale du devoir, et au-dessus de la morale du devoir, — car il est certaines âmes, droites sans doute, mais droites à la manière d'une ligne de géométrie, sèches et abstraites comme elle, — une *morale plus haute encore*, la *morale du dévouement*.

Avez-vous vu couler le fer? On trace un sillon dans le sable; le flot rouge qui descend du haut fourneau s'y précipite et s'y moule : c'est la coulée. A quoi servirait le sillon, si la coulée n'y descendait ? La coulée, c'est nous-mêmes, c'est notre substance, c'est notre âme, que nous répandons en nous consumant pour les autres, amis ou ennemis. Le sillon est tracé par notre intelligence, il est creusé par notre volonté, il est comblé par notre amour. Intelligence, volonté, amour : n'est-ce pas tout l'homme, ou presque tout l'homme ? Ajoutons-y, si vous le voulez, le corps, qui n'est qu'un détail et que nous donnerons par-dessus le marché, quand l'occasion se présentera.

SAVORGNAN DE BRAZZA [1]

Messieurs,

La Commission des Affaires extérieures et coloniales de la Chambre des députés ressent profondément le deuil de la patrie.

Au lendemain de nos revers, un généreux enfant se donne à la France. Il sert à bord de notre flotte. Mais déjà, dans le marin, l'explorateur s'éveille, et la gloire qu'il rêve, il la veut à la française, c'est-à-dire faite de courage et de justice. C'est à Dakar, — ce Dakar où il succom-

1. Discours aux obsèques de Savorgnan de Brazza, 3 octobre 1905.

bera, près de la compagne admirable et tendrement aimée de sa vie et de ses luttes, — que le petit aspirant de marine conçoit son destin. L'aventure des mers l'a préparé au mystère d'Afrique.

Il part à vingt-trois ans, en 1875, avec Noël Ballay et Alfred Marche, pour explorer l'Ogôoué et l'Alima ; il arrive à quelque distance du Congo ; il s'essaye, il cherche.

Mais, après le voyage de Stanley sur le Congo, il comprend que ce fleuve est la véritable voie d'accès de l'Afrique centrale et il essaye de l'atteindre par les cours d'eau qu'il a reconnus. Il y parvient au mois de septembre 1880 et crée, sur la rive droite du Pool, la station qui s'appellera un jour Brazzaville. Stanley arrive quinze mois plus tard et trouve devant lui les couleurs françaises. Le Comité français de l'Association internationale africaine remet ses stations congolaises au gouvernement et Brazza est nommé commissaire de la République.

De 1883 à 1885, il reconnait la région entre le Gabon et le Congo, commence à lever le cours de l'Oubanghi et maintient notre occupation sur les deux rives du Pool.

La Conférence de Berlin consacre l'État Indépendant du Congo, des conventions internationales fixent les premières limites de notre nouvelle colonie. Notre route est libre, par l'Oubanghi, vers le centre africain, mais l'œuvre est inachevée au Sud, nous risquons d'être pris entre le Cameroun allemand et l'État Indépendant. Brazza voit le danger ; il court dans le bassin de la Sangha, le jalonne de postes, et les résultats qu'il obtient sont consacrés par les traités passés en 1894 avec l'Allemagne et avec l'État Indépendant.

La colonie française du Congo est désormais constituée, elle trouvera seulement quelques années plus tard un prolongement naturel vers le Tchad, et, par le Tchad, vers nos possessions du Nord et de l'Ouest Africain. Brazza a créé de toutes pièces un immense empire, qu'il donne à la France comme il s'est donné lui-même.

Mais ce n'est point là encore la partie supérieure de son œuvre et de sa gloire. Dès qu'il explore des pays nouveaux, il entend améliorer leur sort. Il ne veut que des conquêtes de douceur et de bonté. Il combat le travail forcé imposé aux noirs. Il s'acharne contre l'esclavage patent ou déguisé. Il a le respect profond de la personne humaine, le sens de la solidarité qui unit tous les membres de la grande famille. Il est comme une flamme vivante où viennent s'éclairer et se chauffer les peuples enfants. Son doux génie ne comprend pas ceux qui de la France ne font sentir que la force matérielle, et dont la dureté ferait douter de la raison, si l'humanité ne poursuivait sans cesse son travail de perfection à travers les défaillances individuelles et les passagères erreurs. Il dédaigne cette énergie brutale qui ne sait que dompter, il est la force morale qui impose le droit.

Son œuvre n'est mêlée pour nous d'aucun regret, ni d'aucune inquiétude, parce qu'elle est pure de sang humain. Il est bien de notre race, ce héros dont le grand cœur ne sépare jamais la France de l'humanité !

Ah ! Messieurs, le noble rêve !

Eveiller sous ses pas les forces endormies de la

nature et de l'humanité, assainir les eaux, les bois, les âmes; vaincre le péril silencieux et mortel des forêts impénétrables et des cœurs indomptés; frapper une terre vierge et en faire sortir, à coups de volonté et d'enthousiasme, les moissons, les comptoirs, les villes, théâtres des civilisations futures; tirer de la brousse, du marais fiévreux, de la sauvagerie la santé, la vie, le droit; des ténèbres la lumière, de la violence l'équité, de la barbarie la conscience; créer un monde enfin et faire de son rêve de jeunesse une réalité immortelle, c'est la vie des héros, c'était dans l'antiquité la vie des dieux.

Cher Brazza, tu as donné ton âme brûlante et superbe à la plus adorable patrie qui ait paru sous le ciel; tu as reculé ses frontières; en étendant la puissance de son génie tu as été un grand ouvrier d'idéal et de justice!

A L'ORPHELINAT DES ALSACIENS-LORRAINS [1]

En venant dans ce beau parc avec votre grand ami le comte d'Haussonville, je songeais, mes chères enfants, d'abord à votre joie : ah! les heureuses petites filles, entourées de grands arbres, de tendres soins et d'amitiés puissantes, dont la douce protection les suivra toute la vie! Et je pensais que moi aussi, j'ai une petite fille, qui aura bientôt cinq ans; quand elle sera un peu plus grande, quand elle aura été bien sage,

1. Discours à l'Orphelinat des Alsaciens-Lorrains, au Vésinet, 23 juin 1907.

comme vous, et qu'elle aura bien travaillé, je demanderai à notre ami la permission de l'amener au milieu de vous, dans votre beau jardin; ce sera sa récompense. Et puis, je pensais aux hommes célèbres qui m'ont précédé à cette place; idée charmante et bien française, de mettre nos jeunes exilées sous le patronage de l'illustre Compagnie!

Alors, je vous ai aperçues, mes chères enfants, j'ai vu ce costume qu'un Français ne saurait voir sans trouble, et les coiffes blanches de l'ordre lorrain de Saint-Charles mêlées à vos rubans noirs. Et mes pensées, alors, ont pris un autre cours, et vous me pardonnerez de ne pouvoir taire mon émotion. Vos yeux reflètent le ciel de l'Alsace, et ses forêts profondes, et nos douleurs. Et voici qu'un lointain souvenir se dresse devant moi.

Il y a bien des années déjà, je quittais la France pour aller étudier dans les universités de l'Allemagne. Quand le train arriva, le soir, à la station de la nouvelle frontière, un cri retentit dans la nuit. C'était le nom d'une ville française jeté par une voix allemande. Ce cri, je l'entends encore. Tout mon être en fut comme arraché. Seule la perte des êtres les plus chers peut laisser au cœur de telles blessures.

Depuis lors, mes chères enfants, j'ai vu les lieux les plus beaux et les plus illustres du monde; j'ai vu l'Acropole et le Temple divin, et de là, à mes pieds, le théâtre d'où monte la voix d'Eschyle et la place d'où monte la voix de Démosthène; j'ai vu le Bosphore et les pointes des minarets s'allumant une à une dans la brume rose du matin; j'ai erré aux rives de Sicile, et, dans le théâtre de Taormine, sous les étoiles, mes lèvres barbares ont redit des vers de Shakespeare et les stances du *Cid;* j'ai vécu dans Rome, aux palais des Césars; puis, du haut des cols africains, j'ai vu le désert, le grand mystère d'azur, et là-bas, sur les cimes des Rocheuses, sous la lune, les mers de neiges éternelles... j'ai vu ces choses, et, de tant de grandeur et de beauté, tout mon être, à jamais, tressaille. Mais aucune de ces merveilles ne m'a donné autant de joie que j'ai senti de misère en passant au champ clos de nos luttes séculaires et de notre malheur.

Pourquoi?

Le noble père de votre grand ami, le fondateur de cette maison, l'illustre historien de la réunion de la Lorraine à la France a fait voir, mieux que nul autre ne le fit jamais, en son beau livre, comment, par l'action invincible et lente des sentiments et des idées, bien plus décisive que les coups de la force, un pays devient peu à peu la conquête d'un autre pays et finit par se donner à lui sans abdiquer et sans cesser d'être soi-même. Aussi longtemps que la France tenta de soumettre la Lorraine par les armes, elle n'y réussit point, et Louis XIV fut contraint de restituer la province qu'il se flattait d'avoir conquise. Et lorsqu'enfin elle vint à nous, comme l'Alsace, les peuples de ces contrées n'essayèrent point de passer de l'autre côté de la nouvelle frontière. Inutile, alors, de créer en Allemagne des maisons comme celle-ci, pour y recueillir les enfants des Lorrains et des Alsaciens émigrés. L'Allemagne n'était pas encore une nation; l'Alsace avait été dévastée par trente années de guerre : devenue française, elle put vivre.

Ce n'est pas seulement une grande personne morale qui a été mutilée, il y a trente-six ans; c'est le droit; et c'est de cela que nous sommes en deuil.

Et puis, nous avons perdu, en même temps qu'une race sérieuse, sensée, héroïque, un élément essentiel de notre génie.

Voilà pourquoi, aux yeux de notre génération, — puisse notre courage civil épargner à nos fils de pareilles épreuves! — depuis que nous avons perdu, mes chères enfants, la terre natale de vos pères, le ciel est moins pur, le soleil moins radieux, les années moins légères.

Et c'est pour cela qu'en ce jour de fête, je vous convie à élever vos âmes vers ceux qui vous ont gardé ici une patrie : d'abord, le grand Lorrain qui, après la guerre, se fit le chef et le père de la famille exilée, qui lui donna désormais toute sa vie, qui mit tant d'esprit dans sa bonté, qui mérita, en créant les villages alsaciens-lorrains dans la France nouvelle, d'être appelé le bienfaiteur de l'Algérie, et qui, en fondant la maison où nous sommes, restera devant l'histoire le bienfaiteur de l'Alsace-Lorraine.

Et à côté de cette chère mémoire, il en est une autre que je veux évoquer aussi, celle de votre ancienne Supérieure, de la femme courageuse qui, en se dévouant à vous dans une épidémie, a trouvé la mort. Je sais que nul hommage ne peut mieux convenir à la modestie des femmes patriotes qui vous instruisent, qui s'inspirent de son exemple et continuent la tradition de ses vertus.

Enfin, je tiens à remercier en votre nom l'homme de grand cœur qui a recueilli l'héritage, tout l'héritage paternel, et qui, chaque jour, l'accroît. Il complète ici même l'œuvre de son père : après l'enfant, il secourt l'adulte, et après l'adulte, le vieillard. Lui qui a trouvé dans son berceau un nom vénéré, les dons les plus éclatants, lui qui a brillé partout, et dans nos assemblées politiques et dans les cercles de lettrés, je pense que, s'il jette un regard en arrière, sur sa vie si remplie de travaux, de talent et de succès, il met au-dessus de tout le sourire de reconnaissance de la jeune fille qu'il a sauvée, de la vieille femme solitaire, soulagée et consolée, sur son lit de souffrance.

Chères filles de la Lorraine et de l'Alsace, vous êtes deux fois Françaises et par le sang et par le choix de vos pères ; vous nous êtes deux fois sacrées, car vous êtes l'image de la Patrie et de la Patrie malheureuse ! Montrez à vos frères séparés que vous gardez pieusement les fortes vertus de votre race, afin qu'au moins, si nous avons perdu le sol, nous gardions les âmes !

SOUVENIRS DE JULES SIMON[1]

Les fils de Jules Simon publient un livre posthume de leur père; vingt portraits : Thiers, Mac-Mahon, Grévy, Gambetta, Sadi Carnot, Jules Ferry et quelques personnages non politiques, Taine, Pasteur, Gounod, etc. Portraits mêlés d'anecdotes. Simon était un conteur inimitable. Il ne contait pas seulement avec un art infini, il jouait, il mimait; il était tout en souplesse, en malice, en nuances. Devant les travers humains il ne tenait pas toujours son sérieux. Il n'est pas extraordinaire, quand on a tant de goût et de facilité à tracer de malicieux portraits, qu'on s'en amuse un peu tout le premier. Lorsqu'il

1. *Le Figaro*, 3 mai 1909.

s'abandonnait à son humeur moqueuse, pour mieux peindre les autres il se plaisait à les mettre en action; quelquefois, il n'attendait pas que les gens fussent morts pour en faire les honneurs, et cela les divertissait moins que lui. On le retrouve ici avec tout son sel et son piquant. Mais aussi, lorsqu'il parle des grands, il rentre ses griffes, il évite avec adresse le péril de la satire; sa prose simple, droite, naturelle, s'élève sans effort; on sent qu'il est de plain-pied, et il parle noblement, en philosophe et en moraliste, de ses rivaux, de ses ennemis. Presque toujours, alors, en jugeant de si près les hommes de son pays, il paraît désintéressé, comme le serait un étranger, et déjà un homme de l'avenir.

Ce n'est pas chose facile, pourtant, d'apprécier équitablement ceux près desquels on vit tous les jours, ceux avec ou contre lesquels on combat toute la vie. D'abord, plus les hommes sont grands, plus il les faut voir à distance, comme les hautes montagnes. Les hommes publics ne sont pas seulement ce qu'ils sont, mais ce qu'ils paraissent. Et puis, dans tout homme, il y a ce qu'il est, ce qu'il veut être et ce qu'il croit être; et de tout cela il faut tenir compte, car tout cela fait partie de la personne morale et se reflète sur la physionomie. Enfin, il ne suffit pas de peindre d'après nature, car le réel n'est pas le vrai; le vrai est une transaction. La reproduction exacte de la réalité peut être une injustice, une trahison. Un trait suffit à peindre l'homme, mais aussi un trait peut en donner une idée tout à fait inexacte. Un détail qui, chez l'un, est caractéristique, chez l'autre est insignifiant. Le kodak saisit des mouvements que l'œil ne perçoit pas et, en les décomposant, il en détruit l'harmonie. Si nous écrivions tout ce que nous voyons, on ne voudrait pas nous croire, on nous prendrait pour des calomniateurs. L'auteur de Mémoires, comme l'orateur ou le dramaturge, doit, pour donner l'impression de la vérité, pratiquer l'art des sacrifices nécessaires.

Et puis enfin, l'âme des foules refait les hommes après coup; elles y ajoutent ce que leur imagination, leurs espérances, leur foi ont mis en eux. Dans la gloire il y a de la religion.

C'est ce que Renan appelait le miracle psychologique; et cette création synthétique de l'esprit populaire, plus encore que l'analyse, contribue à l'effet d'ensemble. Il faudrait donc, pour bien juger son temps, une sorte de postérité contemporaine.

Ce difficile problème, Jules Simon l'a plus d'une fois résolu. Sur les dons supérieurs de Thiers, le courage de Ferry, la droiture des Carnot, il porte par avance le jugement de l'histoire. Nous l'attendions à Mac-Mahon, qui le congédia brusquement, et à Gambetta, dont il fut tour à tour l'ami et l'ennemi.

Il était trop habile pour se venger. A propos de Mac-Mahon, un seul mot amer : « Je me crois en état de juger l'homme politique avec impartialité et même avec bienveillance. Je dois pourtant rappeler, ne fût-ce que par esprit de justice, que j'ai un grief contre lui. En me renvoyant le

16 mai, il a violé à la fois les règles du gouvernement parlementaire et celles de la politesse. Je ne lui reproche que le second délit, qui reste pour moi incompréhensible... » Tout le reste est un émouvant hommage à l'illustre soldat. On dirait qu'il a déjà lu les Mémoires du maréchal, dont Gabriel Hanotaux a publié des extraits dans son beau livre sur *La France contemporaine*. Étranger à la politique, le maréchal de Mac-Mahon y porta toute la loyauté de son caractère et les vertus de son métier.

Sous l'Empire, revenant de Crimée couvert de gloire, il parle au Sénat contre la loi de sûreté générale. En 1873, Président de la République, lorsque le comte de Chambord vient secrètement à Versailles et lui fait demander un entretien : « Je fus surpris, dit-il, de cette démarche à laquelle j'étais loin de m'attendre, et je répondis que, tout dévoué à M. le comte de Chambord, je serais heureux de lui sacrifier ma vie, mais que je ne pouvais lui sacrifier mon honneur. »

D'après les souvenirs de M. de Vanssay, M. de Blacas affirma au maréchal que le comte de Chambord ne songeait nullement à lui proposer une action contraire à sa conscience. « Je vous jure sur l'honneur que personne ne saura la démarche que je vous demande. » Ce disant, il tirait de sa poche la clef de l'appartement où était descendu le comte de Chambord. Le maréchal sourit... et ne prit pas la clef.

Le portrait de Grévy est un chef-d'œuvre. Tout est juste, bien frappé. Peut-être le modèle, par endroits, l'eût-il trouvé trop ressemblant; mais, certes, il eût aimé cette langue sobre et forte. Grévy était, avec moins de flexibilité, mais avec un goût aussi sûr, un grand et fin lettré. Lorsque mon père me présenta à lui, à l'Élysée — je venais d'entrer à la Chambre, — il se mit en frais de coquetterie littéraire, et, après avoir parlé avec éloquence d'Hugo, de Lamartine, de Musset, de Vigny, il nous récita, d'un seul trait, les cent cinquante vers des *Étoiles*, des secondes *Médita-*

tions. Je crus m'apercevoir que, dans son culte pour Lamartine (qui n'était pas encore tout à fait sorti de son injuste disgrâce), il entrait un peu d'agacement contre l'apothéose d'Hugo; mais aussi on sentait à la façon dont il disait ces vers, que le vieux juriste, l'orateur serré et lucide aimait dans Lamartine juste le contraire de ce que tant de gens y avaient vu, ces touches de réalité précises et vivantes, cette fine lumière que le ciel de Milly avait mise dans les yeux et dans l'âme du jeune poète et qu'il comparait à celle de l'Attique.

Avec Gambetta, Jules Simon avait eu en 1871 de graves démêlés. Il paraît les oublier en louant le tribun, le chef de parti, l'organisateur de la défense : « Il exerça la toute-puissance avec un dévouement admirable et un éclat incomparable. Je ne dis que la vérité en affirmant que Gambetta et Freycinet se sont couverts de gloire par la façon dont ils ont soutenu la guerre, avec des ressources improvisées, contre une armée dont la supériorité en nombre, en expérience et en approvisionnements de toutes sortes était écrasante. »

Mais je ne saurais souscrire du tout, pour ma part, à ce jugement sur le ministère du 14 novembre : « Il fut démontré qu'on peut être un fort grand orateur, un très grand chef de parti, et un très petit homme d'État. » Ici, l'historien a manqué du recul nécessaire. Non, celui-là ne fut pas « un très petit homme d'État », qui, d'emblée, prit Freycinet, Chanzy et Chaudordy, qui voulait rester avec l'Angleterre en Égypte, qui, en 1881, disait : « Appuyés sur Londres et sur Pétersbourg, nous serons invincibles. »

Lorsque Grévy lui offrit enfin le pouvoir en 1881, il tenta de faire ce qu'on appelait « le grand ministère » avec Freycinet, Ferry et Léon Say; mais, à ce moment-là, il était trop tard. C'est en 1877, dans le triomphe du parti républicain, après la réélection des 363, que ce ministère, préparé et voulu par M. Thiers, eût réussi; quatre ans après, il n'était plus temps. Thiers mourut;

ni Mac-Mahon ni Grévy ne firent appeler le vrai chef de la majorité, Gambetta; et lorsque, en 1881, il s'exposa noblement dans le débat sur les affaires tunisiennes, il savait fort bien qu'il se sacrifiait, que la Chambre, « prisonnière de ses origines », ne renfermait pas de majorité pour sa politique et qu'on ne l'acculait au pouvoir que pour l'en faire tomber; mais, en donnant dans le piège, il sauvait l'honneur. Non, en vérité, ce n'est pas sur cette épreuve, dont il avait d'avance calculé les chances, qu'on peut juger en lui l'homme de gouvernement. Tout permet de croire que, s'il avait vécu, nous n'aurions pas perdu douze ans du côté de la Russie et plus de vingt ans du côté de l'Angleterre et que, ces ententes une fois nouées, nous aurions su en tirer autre chose que la guerre de Mandchourie.

A part ce trait injuste, tout le livre est de la meilleure veine de Jules Simon et fait autant d'honneur à sa mémoire qu'à celle de ses rivaux et ses émules. Il a, pour peindre une figure, des formules ingénieuses et saisissantes et, pour résumer une existence, de puissants raccourcis.

Voyez Lamennais : « Il avait commencé par faire trembler les incrédules, qu'il appelait les indifférents, et puis avait fait trembler les croyants par sa façon de les défendre. Un jour, il s'était trouvé seul dans l'Église, où son orthodoxie poussée jusqu'à l'extrême logique effrayait tout le monde, et le Pape lui-même ; et, dès le lendemain, sans transition, ne pouvant mener l'Église où il voulait, il s'était tourné contre elle. » A l'Assemblée de 48, « il y avait sur lui comme une sorte de majesté sombre qui l'ôtait de la communion des autres hommes ».

L'histoire des frères Garnier-Pagès est un petit drame achevé d'émotion et d'ironie. Il en passe d'autres au fil de son esprit avec une dextérité consommée. Gounod et Ambroise Thomas lui inspirent des pages exquises sur la musique. On sentait, quand il parlait en public, que la magie de cet art lui était familière ; il était tout en contrastes, avec une diversité infinie de tons, de modes, de rythmes. Il y avait plusieurs orateurs en lui : le virtuose des grands jours, aux jeux éclatants, aux savants effets de sonorité; et un autre — et c'est pour celui-ci, je l'avoue, que j'ai gardé un faible, — le causeur discret, voilé, des réunions intimes, des cercles de lettrés. Jamais je ne le vis plus orateur qu'un soir, vers la fin, dans un petit banquet, devant quelques amis, quelques artistes, quelques confrères de la presse. Il avait quatre-vingts ans, il était déjà presque aveugle; il se leva et se mit à penser à mi-voix. Il était trop loin maintenant, et dans les années et dans la gloire, et il avait pénétré trop avant dans le cœur des hommes, pour songer encore à cet art qu'il avait poussé aux dernières limites et pour se soucier de leur plaire. Tout était simple, tout était juste et pénétrant, tout était mesure et harmonie. La voix n'était plus l'instrument merveilleux de la pensée, c'était la pensée même, qui vivait et respirait devant nous, dans la lumière...

Vous retrouverez, à travers les pages de ce livre

si varié, un écho de cette voix. Elle apprendra à la génération nouvelle beaucoup de choses et beaucoup d'hommes qu'elle ignore; car l'histoire d'hier est celle qu'on sait le moins et nul ne l'a mieux contée que ce philosophe qui fut un grand artiste.

A L'ÉCOLE ALSACIENNE[1]

Mesdames et Messieurs,

J'éprouve, en entrant dans cette noble maison, une émotion profonde : il me semble que je foule ici le sol même de l'Alsace et que je sens, non certes plus vivement, mais de plus près, la blessure de la France.

Née des malheurs de la patrie, votre École s'est proposé pour tâche de contribuer à en réparer les ruines. L'Alsace y a trouvé un asile et a continué d'y servir la France. L'École Alsacienne a

1. Discours à l'École Alsacienne, 21 juillet 1908.

joué dans l'histoire de l'enseignement français un rôle original, unique, par sa triple influence intellectuelle, morale et civique.

D'abord, vous avez apporté parmi nous les méthodes d'enseignement et d'éducation qui étaient une des gloires de l'Alsace, de Strasbourg surtout. L'Alsace transportée à Paris et marquant l'enseignement français de sa forte empreinte, telle a été votre histoire. Vous avez été des précurseurs; vous avez pris, à vos risques et périls, l'initiative d'innovations dont l'Université a fait ensuite son profit et dont elle vous reste reconnaissante. Vous avez été pour elle un enseignement. Votre claire et forte raison a montré à la France les progrès à réaliser, les réformes nécessaires, et ces réformes ont passé ensuite dans les programmes officiels.

Ainsi, l'enseignement prématuré du latin à l'âge où l'enfant, au lieu de goûter le génie de cette langue et son intime parenté avec la nôtre, était contraint d'user sa tendre mémoire sur la rude écorce de la grammaire; les sciences trop négligées; les langues vivantes apprises comme les langues mortes, les exercices physiques dédaignés, les classes trop nombreuses où l'enfant était perdu : tous ces vices de notre vieux système, dont nos générations ont tant souffert, c'est vous qui, les premiers, avez eu le mérite de les corriger.

Mais que seraient les meilleurs programmes, sans l'esprit qui les fait vivre? Cet esprit, nous l'avons senti tout à l'heure dans les paroles de vos maîtres. Oh! les beaux et charmants discours! L'un spirituel, enjoué, tout souriant de cette bienveillance qui est une partie de la justice; l'autre, si émouvant par la délicatesse des sentiments, la bonté et la foi profondes; tous deux animés du même idéal : l'éducation par le cœur, plus encore que par la raison et par la conscience. Oui, vous voulez avant tout que l'enfant se sente aimé, que le maître soit l'ami, que l'école soit la famille. Vous voulez pénétrer chacun de ces enfants jusqu'au fond de l'âme, et comme me le disait votre directeur, « jusqu'au sanctuaire ».

Vous réalisez la belle parole de Michelet : « L'enseignement est une amitié ».

Mais l'amitié suppose l'éducation individuelle, et comment l'éducation individuelle serait-elle possible avec des classes trop nombreuses? C'est déjà beaucoup, pour un maître, de se donner à vingt élèves. Que de patience, que d'adresse, pour toucher les fibres secrètes! Certains pâtres, avec une simple baguette de coudrier, trouvent l'emplacement des eaux qui commencent à sourdre dans la terre; comme eux, vous savez faire jaillir les sources cachées.

L'esprit de votre maison, c'est la liberté de conscience, qui est la racine de toutes les autres libertés, et qui ne fait qu'un avec la justice.

Et c'est aussi la fraternité, ce don de soi, qui ôte tant de raison d'être triste en faisant oublier la vie et même en adoucissant la mort.

Enfin, l'École Alsacienne — et c'est pour cela surtout que nous l'aimons — est un ardent foyer de patriotisme. Vous y gardez, toujours brûlante, la religion du souvenir. Il n'y a point de place parmi vous pour les sophistes qui essayent d'opposer l'humanité à la patrie et d'affaiblir dans les âmes la notion du devoir militaire, comme si la grandeur de la France n'était pas un élément essentiel du progrès humain, comme si la conservation et l'harmonie des nationalités n'étaient pas les conditions premières de l'unité future !

Est-ce à vous, Alsaciens, qu'il faut rappeler que, le jour où la France serait désarmée, je ne dis pas seulement matériellement, mais moralement, ses enfants vaincus et conquis serviraient dans une autre armée, sous d'autres couleurs, comme servent aujourd'hui, hélas ! vos frères exilés ? Est-ce à vous qu'il faut montrer que, le jour où cette pure lumière pâlirait, la conscience universelle serait obscurcie ?

Je ne sais plus qui a dit : « En France, nous avons toujours besoin d'un peu de danger pour être raisonnables. » Oui, dans une heure de crise, ce peuple a senti que, s'il s'abandonnait, une volonté étrangère pourrait peser sur ses déterminations. Il a vu, sous l'éclair, la folie de certaines complaisances et de certaines complicités ;

il a tressailli, il a commencé de se ressaisir.

L'année dernière, ici même, mon ami Georges Leygues, dans un éloquent discours que vous n'avez pas oublié, dénonçait le péril. Il y a quelques jours, à la Chambre, le ministre de l'Instruction publique, M. Gaston Doumergue, prononçait dans le même sens d'énergiques paroles.

Mais rappelons-nous, pour ne point retomber en de tels égarements, qu'il y a très peu de temps encore, les républicains qui osaient tenir le même langage étaient accusés de calomnie et traités en suspects.

Puissiez-vous, mes jeunes amis, ne subir jamais pareilles épreuves ! Puissiez-vous connaître les revanches suprêmes de la raison ! Et puissions-nous travailler ensemble à préparer la France, par la pratique virile du devoir patriotique, aux destinées glorieuses qui l'attendent encore, si elle sait vouloir !

LES COLONIES DE VACANCES[1]

Mesdames et Messieurs,

Permettez-moi de reporter au *Sauvetage de l'Enfance* l'honneur que vous faites aujourd'hui à son président. En m'invitant à parler devant vous des *Colonies de vacances*, vous marquez le lien fraternel qui unit nos Œuvres, vous montrez que tous les amis de l'enfance malheureuse ne forment qu'une même famille.

Nous, nous recueillons les enfants moralement

1. Discours à l'Assemblée générale de l'*Œuvre des Colonies de vacances*, à la Sorbonne, 5 juin 1909.

abandonnés ou en danger moral, les orphelins dont les parents sont vivants; vous, vous envoyez à la campagne, à la mer, les petits Parisiens pauvres, anémiés, pour les faire revivre. Nous sauvons, les uns et les autres, des corps, des âmes, et ainsi nous augmentons la force de la patrie.

J'arrive trop tard au milieu de vous : déjà des écrivains illustres et charmants ont peint, sous de vives couleurs, les tableaux de votre vie et ces contrastes qui eussent tenté Dickens. Je voudrais pouvoir prendre leurs pinceaux!

Il y a aujourd'hui vingt-sept ans, deux femmes de grand cœur, madame Edmond de Pressensé et madame d'Eichthal, fondaient l'Œuvre des Colonies de vacances de la Chaussée du Maine. C'est à elles d'abord, c'est à leur mémoire vénérée que nous devons notre hommage; c'est vers elles que monte la voix des petits enfants qu'elles ont secourus et sauvés, des mères en larmes. Quant à vous, madame la présidente, qui allez, comme elles, à travers la souffrance humaine, nous savons que vous n'aimez pas le bruit et que c'est vous honorer que de taire vos bienfaits.

Mesdames et Messieurs, vous avez commencé avec vingt enfants ; vous en avez maintenant plus de trois mille. Vous possédiez 1,000 francs, vous en possédez 157,000. Et votre noble initiative a suscité d'autres œuvres semblables. En ces vingt-sept années, jamais un accident, jamais une plainte. Les pauvres ne sentent pas qu'ils reçoivent la charité, quand c'est vous qui la faites. Votre maison est ouverte à tous. Liberté absolue de conscience : les désirs des familles sont toujours exactement suivis.

Vous vouliez bien me dire : « Les témoignages de reconnaissance que nous recevons de la part des parents sont parfois bien touchants. Ceux qui participent pour une faible part au paiement de la pension sont les plus satisfaits. En revanche, tous les enfants riches que leurs parents conduisent à la campagne ou au bord de la mer devraient prendre sous leur protection un petit enfant pauvre pour lui procurer le même bonheur. »

Voulez-vous me permettre de suivre votre conseil et de prêcher d'exemple? J'ai trois enfants; le troisième n'est pas très vieux, il a dix jours. Voulez-vous les inscrire tous les trois sur votre registre? Je désire qu'ils adoptent trois petits camarades moins fortunés, et je suis sûr que cela leur portera bonheur à tous.

Pauvres petits, nés dans la misère, parfois dans l'opprobre, entrés dans la vie par les portes sombres et à qui peut-être leurs mères elles-mêmes ont versé un lait corrompu, ils voient maintenant des visages s'éclairer à leur approche, les lèvres sourire et la nature enchantée les bercer dans ses bras!

Et quand les beaux jours sont passés, ils voudraient bien ne pas revenir encore; et parfois aussi il arrive que les braves paysans, les braves pêcheurs ne voudraient pas les quitter. « Madame, dit l'un d'eux, laissez-nous encore un peu notre petit, il est si gentil, si aimable! » Il faut rentrer pourtant, et ils reviennent à la ville, un peu mélancoliques, mais ivres de grand air et de verdure, et 'ils rapportent au triste logis, avec quelques fleurs des haies, des joues plus roses, un regard plus vif et un sourire.

Et les petites filles qui ont été si heureuses pendant ces trop courtes vacances n'oublient jamais ce que vous avez fait pour elles, et quelques-unes, plus tard, lorsqu'elles gagnent un peu d'argent pendant l'hiver, envoient leurs petites économies — vous vous en souvenez ! — « pour donner, disent-elles, à une petite fille de leur âge le même bonheur ».

Ah ! si la grande ville, qui prend tant d'hommes à la terre, pouvait, grâce à vous, lui en rendre aussi quelques-uns ! Mais mon rêve, je l'avoue, ne va pas encore si loin. Pour le moment, vous contribuez à un grand devoir social. Vous n'admettez aucun enfant atteint de maladie contagieuse; mais plus de la moitié de vos pupilles sont issus de parents tuberculeux ou alcooliques. Dans la spirituelle et intéressante conférence qu'il vous a faite il y a deux ans, votre agent général, M. Coudirolle, rappelait qu'à Paris, sur mille habitants, on comptait, sous la Restauration, 32 décès environ par an, tandis qu'il n'y en a plus aujourd'hui que 27. On est donc arrivé, grâce aux progrès de l'hygiène, à sauver, à Paris, 19,000 vies humaines par an. Toutes les maladies infantiles ont diminué, excepté la tuberculose. Avant 1886, la tuberculose causait 490 décès par an sur 100,000 habitants; aujourd'hui on en compte encore 456, chiffre plus élevé qu'à Londres, à Berlin et à Vienne. La tuberculose, voilà la grande ennemie. Il s'agit donc de fortifier l'organisme et de le défendre quand il en est temps encore, et il n'est pas de meilleur remède préventif que le vôtre, c'est-à-dire l'air des champs et la brise de mer.

Ne vous semble-t-il pas que plus on avance, plus on monte dans la vie, plus la fortune vous sourit et vous comble de ses dons, et plus on se tourne avec un redoublement de passion vers ceux qui peinent, qui souffrent, et qui, du berceau à la tombe, pris dans la roue de fer du destin, jamais, jamais ne connaîtront la douceur de vivre? Et ne vous semble-t-il pas que toute heure perdue pour l'étude et l'allègement de leurs maux devienne à tout cœur bien placé comme un reproche et un trouble de conscience?

« C'est dans le cœur, a dit Lamartine, que Dieu a placé le génie des femmes, parce que les œuvres de ce génie sont toutes des œuvres d'amour. » Oui, se quitter soi-même pour vivre dans les autres, voilà le don sacré de la femme. Elle est tout pitié, tout miséricorde. Elle sait les paroles, les regards qui vont sécher au bord des lèvres l'eau salée des pleurs. Elle court à la douleur comme d'autres au plaisir, aux vives clartés, aux amours. Pour parler avec le Cantique, elle soupire après la douleur « comme le cerf brame après l'eau des sources ».

Rappelez en votre mémoire la légende d'Isis. La déesse pleure son époux, déchiré par le noir Typhon. Elle cherche ses membres épars. Tout à coup, elle trouve par terre quelque chose de noir, d'informe, un petit monstre nouveau-né. A la couleur, elle connaît que c'est le fils du meurtrier. Devant la faible créature qui pleure, elle ne sent que la pitié; elle le prend dans ses bras, le serre contre son cœur, et magnanime, le pend à sa mamelle. Abreuvé du lait de bonté, arrosé des larmes d'amour, le monstre devient un dieu.

Et rappelez-vous aussi la page immortelle de Pascal :

« Tous les corps, le firmament, les étoiles, la terre et ses royaumes ne valent pas le moindre des esprits : car il connaît tout cela, et soi; et les corps, rien. Tous les corps ensemble, et toutes leurs productions ne valent pas le moindre mouvement de charité; cela est d'un ordre infiniment plus élevé.

« De tous les corps ensemble, on ne saurait en faire réussir une petite pensée : cela est impossible, et d'un autre ordre. De tous les corps et esprits, on n'en saurait tirer un mouvement de vraie charité; cela est impossible, et d'un autre ordre, surnaturel. »

O femmes vaillantes et douces qui distribuez à

ces enfants le pain de vie et qui réparez les injustices du sort, qui ouvrez à ces petits êtres la nature et le monde moral, votre génie ne vous a point trompées; car, plus encore que dans les profondeurs étoilées du ciel, le divin éclate dans vos tendres cœurs!

UN PROGRAMME RÉPUBLICAIN[1]

En exposant les idées que j'ai toujours défendues, j'exprimerai, je crois, l'opinion de la grande majorité des républicains.

L'école. — La neutralité.

La première œuvre de la troisième République a été, avec la réfection de l'armée, l'enseignement du peuple. Tous les républicains consi-

1. *Revue hebdomadaire*, 2 avril 1910. Cette revue avait fait une enquête sur les idées des partis, à la veille des élections de 1910. MM. Ferdinand Buisson, Jules Delafosse, Jacques Piou, Charles Maurras, J. Thierry et Paul Deschanel y prirent la parole.

dèrent le principe de la laïcité comme le corollaire de l'obligation. L'école publique étant construite et entretenue par tous et fréquentée obligatoirement par tous, toutes les doctrines, toutes les croyances doivent y être également respectées. La religion est l'affaire du prêtre, elle ne peut être l'affaire de l'instituteur, qui, en ces matières, n'est point compétent. Ce que l'instituteur doit enseigner, c'est la science et cette morale universelle qui n'est le monopole d'aucun système philosophique ou religieux.

Certains républicains, il est vrai, ont une autre conception. Ils disent : « La neutralité est un mensonge, une hypocrisie, une impossibilité. Il faut détruire la religion catholique. » Paroles imprudentes, dont se sont emparés aussitôt les adversaires de l'école laïque; grave erreur; violation, en sens inverse, du principe de la neutralité. Lorsqu'il s'agit de l'enseignement public, école confessionnelle, école anti-confessionnelle, deux non-sens. L'État n'a pas à se faire juge des doctrines. Si la République essayait d'en imposer une, elle retomberait dans la faute de la monarchie absolue et du premier Empire et elle porterait atteinte à son propre principe.

Personne, dans le récent débat sur l'école, n'a demandé le monopole de l'enseignement, et le président du Conseil l'a repoussé. Ce que les esprits les plus libéraux, sous tous les régimes, ont demandé, c'est l'égalité des diplômes et des grades pour l'enseignement public et pour l'enseignement privé, et l'inspection; non je ne sais quel monopole déguisé, qui serait indigne de la loyauté républicaine, mais un droit de contrôle. Et, justement parce que l'État revendique le droit de surveiller les autres, il a le devoir de se surveiller lui-même, en bannissant de ses écoles toute polémique, soit dans l'enseignement de la morale, soit dans l'enseignement de l'histoire : car elles n'enseignent pas au nom d'un parti, elles enseignent au nom de la France. Et, de même que l'instituteur doit être défendu contre les attaques injustes, de même le père de famille doit pouvoir trouver protection contre les violations de la neutralité. Il s'agit de concilier le droit de la famille et le droit de la nation. Telle est, depuis la Révolution française, la doctrine traditionnelle des républicains.

L'heure est venue de rendre l'obligation effective par une législation plus stricte, d'élever l'âge de la scolarité de onze à quatorze ans, d'étendre progressivement l'obligation aux cours d'adultes, et d'ôter la nomination des instituteurs aux préfets pour la donner aux autorités universitaires, afin de soustraire les maîtres de la jeunesse aux influences électorales.

Les lois sociales. — Assurances ouvrières. Le travail et le capital.

La troisième République, en même temps qu'elle commençait de donner au peuple l'instruction, complément indispensable du suffrage universel, édifiait jour par jour, dans l'ordre social, un droit nouveau pour une société que nos pères n'avaient point connue : lois sur le travail des enfants, des femmes, des hommes, sur les accidents, la protection des salaires, l'hygiène et la sécurité des travailleurs, l'assistance médicale gratuite, l'assistance aux enfants, aux vieillards, les retraites ouvrières, — où, grâce aux dispositions que nous avons votées, la prévoyance libre pourra continuer de se développer à côté du régime d'obligation. — Puis, il nous faudra compléter notre système à peine ébauché d'assurances sociales, notamment contre le chômage et l'invalidité, et la loi du 7 décembre 1909 sur le paiement des salaires par des dispositions sur les règlements d'atelier et sur les amendes, en empruntant à l'Allemagne et à l'Angleterre le principe de l'insaisissabilité complète du salaire; reprendre les propositions Dron et Paul Strauss sur la protection et l'assistance des mères et des nourrissons après l'accouchement; voter le projet dont nous sommes saisis sur les maladies professionnelles, qui sera l'utile complément des lois sur les accidents du travail; étendre la loi Ribot sur le bien de famille; réprimer les abus du *sweating system;* donner aux syndicats professionnels le droit de propriété, — d'où le développement des contrats collectifs et des sociétés anonymes de travail; — perfectionner la conciliation et l'arbitrage, en rendant obligatoire la comparution en conciliation devant le juge de paix et en donnant aux conseils du travail compétence légale en tant que conseils permanents d'arbitrage, afin de faire de la grève, au lieu d'un combat, un débat; refondre la législation sur les coopératives, et, de même que nous avons organisé le crédit agricole, organiser le crédit urbain. Je demande qu'on emploie une partie au moins des 174 millions de la fortune personnelle des caisses d'épargne à organiser le crédit populaire. La loi de 1895 leur a permis de consacrer le cinquième de leur avoir — soit 35 millions — aux œuvres sociales; elles n'en ont employé que 7. Nous pourrions suivre de loin l'exemple de l'Italie et de l'Allemagne, tout en respectant la prudence des mœurs françaises.

Nous demandons aussi à faciliter la création des sociétés à participation ouvrière, qui transforment progressivement le travail salarié en travail associé et rendent l'ouvrier co-propriétaire de l'entreprise. Je ne parle pas ici de la participation aux bénéfices, qui, dans cette combinaison, n'est qu'un premier échelon, je parle de la participation au capital. A l'heure qu'il est, à Londres, dans la seule industrie du gaz, il y a plus de 20,000 ouvriers actionnaires, possédant plus de 12 millions de francs d'actions. L'ancien président de la *South metropolitan gaz*, M. Livesey, disait dans un de ses rapports annuels : « Ce régime s'est montré également avantageux au point de vue pécuniaire et au point de vue moral, et aussi bien pour les employés que pour la Compagnie. On ne pourra rien trouver de mieux pour réconcilier et unir le capital et le travail. » Et son successeur, M. Sims, disait en octobre dernier : « Je puis certifier que ce régime a fait un bien incalculable dans notre grande entreprise et contient d'immenses possibilités de progrès pour toutes les autres entreprises. » Il s'agit de l'acclimater en France, et il est un domaine où nous pouvons l'introduire d'abord sans toucher en rien à la liberté des industries : ce sont les entreprises qui ne doivent leur existence qu'à des concessions de l'État, des départements et des communes.

En Angleterre, en Allemagne, en Italie, en Suisse, en Belgique, les entreprises municipales — eau, éclairage, transports, etc. — sont innombrables et presque toutes prospères. Le service des eaux et des forces motrices électriques a permis à certaines villes de construire d'immenses quartiers de maisons ouvrières. C'est un fait partout constaté que les ressources ainsi obtenues permettent d'arrêter l'augmentation des impôts. M. Chamberlain a très bien compris ce phénomène lorsque, maire de Birmingham en 1874, il se fit l'initiateur du mouvement.

La difficulté, en France, est que la commune, pas plus que l'État, n'est préparée au rôle de directeur de travaux ou d'entreprises; elle n'a été organisée qu'en vue des fonctions politiques et administratives, non en vue des fonctions économiques. Là-dessus, les socialistes sont d'accord avec les économistes les plus conservateurs. La question, pour nous, est de savoir si, en présence de cette évolution, il faut nous roidir contre elle, ou essayer, par une législation appropriée, de la régulariser et de l'entourer de garanties contre l'insuffisance administrative ou financière et contre la corruption. Nous pouvons profiter des leçons de l'étranger et notamment de l'Angleterre. Il s'est passé là ce qui s'est passé pour les *trade unions;* les communes anglaises, elles aussi, ont eu leur période de tâtonnements, d'hésitations, d'erreurs, et elles en sont sorties; aujourd'hui leur éducation est faite, et il est reconnu qu'elles sont les mieux administrées du monde entier. Mais elles écartent absolument la politique; elles appliquent la méthode des affaires au gouvernement local : c'est une gestion purement commerciale.

Les collectivistes font pour les services municipaux ce qu'ils font pour les coopératives et pour les syndicats : ils les avaient d'abord combattus; aujourd'hui, ils essayent de s'en emparer. Ils portent à leur actif des entreprises qui n'ont rien de commun avec le collectivisme, les exploitations des municipalités les plus anti-socialistes de l'Angleterre, par exemple. « Socialisme municipal! » On met sous ce mot « socialisme » tout ce qu'on veut, pour les besoins de la cause. Reste à savoir s'il est, pour nous, de bonne politique, de paraître accepter ces assimilations inexactes, et si nous ne ferions pas mieux de guider ce mouvement en lui maintenant son vrai caractère, purement économique.

M. Charles Maurras, en des pages brillantes[1], critique la tendance de notre République à l'étatisme. Mais tous les États du monde, monarchies ou républiques, quelle que soit la diversité des langues, des races, des traditions, s'inspirent aujourd'hui de principes analogues. Il n'est pas exact, comme on l'a prétendu longtemps, que tel peuple soit demeuré individualiste, tandis que tel autre serait enclin par nature à étendre l'action

1. Voir l'*Enquête sur la Monarchie*.

des pouvoirs publics. Si l'Empire allemand a, le premier, édifié tout un système d'assurances, les colonies britanniques ont institué l'arbitrage obligatoire. On peut regretter ce phénomène; mais il n'est pas particulier à la République, il est général, il est corrélatif aux progrès de la démocratie.

L'évolution économique. — La petite propriété.

D'ailleurs, ce développement de l'action de l'État et de la propriété sociale ne saurait être considéré sérieusement comme un acheminement au collectivisme. L'évolution économique s'accomplit en sens inverse des prévisions socialistes. Pour la propriété foncière, la thèse de la concentration de la terre en un nombre de mains de plus en plus réduit est aujourd'hui partout abandonnée. Si elle n'était pas démentie par les faits, les socialistes n'auraient pas eu besoin de recourir pour l'agriculture, pour les campagnes, à ce programme spécial qui faisait dire à Engels : « La petite propriété doit être nécessairement ruinée, anéantie par le développement du capital. Si l'on veut maintenir la petite propriété d'une façon permanente, on tente l'impossible, on sacrifie les principes, on devient réactionnaire... Nos amis Français sont les seuls dans le monde socialiste à tenter d'éterniser le petit propriétaire paysan. » Pourtant, les socialistes allemands, à leur tour, ont dû adopter la tactique française. Ils sont maintenant, eux aussi, en coquetterie avec la petite propriété rurale. Ils ne parlent plus guère de l'expropriation du sol et, pour essayer de mettre la doctrine d'accord avec les faits, ils ont substitué à la thèse primitive de la concentration agraire cette autre thèse toute différente : la subordination de l'agriculture à l'industrie.

Mais l'industrie elle-même, dans quelle mesure se concentre-t-elle? Consultez les travaux de l'Office du Travail, le rapport de M. Charles Gide à l'Exposition de 1900 et les écrits des socialistes les plus éclairés, Bernstein, Vandervelde. « Le nombre des entreprises petites et moyennes s'accroît, dit Bernstein, et il en est du commerce comme de l'industrie. En dépit des grands magasins, le moyen et le petit commerce se maintiennent; il est aussi utopique d'attendre des grands magasins capitalistes une absorption tant soit peu considérable des petits et moyens boutiquiers, qu'il est illusoire de croire à une absorption à peu près complète de la moyenne et de la petite industrie par la grande. » — « Ce sont les progrès mêmes de la grande industrie, dit Vandervelde, qui multiplient les exploitations commerciales. »

La *Ligue de la petite propriété*, que j'ai l'honneur de présider, procède en ce moment même à deux enquêtes, l'une agricole, l'autre industrielle, dont nous ferons connaître prochainement les résultats. L'enquête agricole, poursuivie par des procédés différents de ceux qu'a employés le ministère de l'Agriculture, confirme les résultats obtenus par cette administration et exposés récemment par M. Ruau dans sa conférence du Musée social. Et l'enquête industrielle réserve d'autres surprises aux théoriciens attardés. (Encore est-il impossible de prévoir les transformations futures du travail industriel par les applications de la science et, par exemple, de l'électricité.)

Dans la brusque rupture d'équilibre qui s'est produite, au dix-neuvième siècle, par l'emploi de la vapeur, Marx a tenté une forte prise sur l'avenir; mais, plus il raisonne puissamment, plus, en disciple de Hegel, il enchaîne ses déductions et ses syllogismes avec une rigueur algébrique, et plus, par cela même, il s'enfonce dans l'erreur. C'est la démonstration vivante du mot de Pascal : « Les hommes ne se trompent pas tant parce qu'ils raisonnent mal, que parce qu'ils partent de principes faux. »

Et c'est là ce qui explique que ni en Allemagne, ni en Angleterre, ni en France, le collectivisme ne gagne en proportion de l'effort et du talent de ses chefs. Le parti socialiste gagne surtout des voix de mécontents; il s'étend en abandonnant ses principes, en recourant à des idées qui ne sont pas les siennes, telles que la coopération, organisation essentiellement « capitalistique »; mais il aurait tort de conclure de l'intervention grandissante de l'État au succès futur de ses théories : l'instinct d'appropriation individuelle sera plus fort qu'elles; les communautés ne sont possibles qu'en des milieux restreints et choisis; partout ailleurs, et surtout dans les démocraties, c'est, en somme, l'individualisme qui l'emportera.

Avez-vous remarqué que, toutes les fois que les socialistes arrivent au point vif, à la définition même du collectivisme, ils tournent court? Ils trouvent que « l'État est un mauvais patron »; mais ils ne nous disent pas pourquoi l'administration de la société collectiviste serait meilleure.

Sur ces points essentiels, certains républicains qui siègent à côté des collectivistes — je ne parle pas des socialistes dits *indépendants*, qui, en général, paraissent aujourd'hui beaucoup plus près de nous, qui, au point de vue de la doctrine, sont des hérésiarques, et dont les chefs, éclairés par l'expérience des affaires, assagis par l'exercice du pouvoir, sont devenus des réformateurs sociaux, comme nous, et appliquent nos idées, — mais certains radicaux-socialistes, qui ont besoin de l'appoint électoral des collectivistes, gardent un silence prudent : « Questions de degré, questions d'espèce », disent-ils. Quoi! une organisation sociale où l'échange est supprimé, et une organisation sociale où l'échange est maintenu : question de degré? Guerre de classes ou solidarité : question de degré? Il nous semble, à nous, qu'il y a là des différences, non de degré, mais de nature! Essayer de se faire illusion à soi-même et de faire illusion au peuple sur ces divergences, n'est pas le moyen de mettre dans la politique française la clarté nécessaire, ni de faire l'éducation de l'esprit national!

Réformes administratives et judiciaires. Décentralisation.

Le parti républicain, absorbé par son effort de sécularisation et par son œuvre sociale, n'a pu entreprendre encore la réforme politique de l'État. C'est le problème de demain.

Les néo-royalistes se rencontrent avec les plébiscitaires pour condamner le gouvernement de parti. Nous savons tout ce qu'on en peut dire, surtout lorsqu'il est corrompu. Mais est-ce que la monarchie supprimerait ce genre de gouvernement? La monarchie absolue, oui; la monarchie constitutionnelle, non : or, qui pourrait se flatter de rétablir désormais une monarchie absolue? Dans la pensée de la nouvelle école, les professions et les groupes remplaceraient les partis. « La principale raison d'être des partis disparaîtra de notre France, dès qu'une combinaison toute naturelle et toute sage de fédéralisme professionnel et de fédéralisme local permettra à chaque variété de se faire représenter auprès du pouvoir, en ce qui dépend du pouvoir[1]. » Cette conception n'est pas particulière à la monarchie : rappelez-vous la préface de M. Anatole France au *Fédéralisme économique* de Paul-Boncour. Mais supposez la monarchie rétablie demain, comme cette organisation fédérale n'existe pas encore, il y aurait toujours une Chambre élue au

1. Charles Maurras.

suffrage universel et par conséquent un gouvernement de parti — un gouvernement de parti plus ou moins tempéré par d'autres forces sociales, — mais un gouvernement de parti, comme dans toutes les monarchies de l'Europe.

Laissons là les théories et les perspectives d'avenir, si justes qu'elles puissent être, sur le fédéralisme professionnel, et prenons les faits, les réalités présentes.

Depuis la chute de Napoléon Ier, les hommes les plus éminents de tous les partis ont signalé, lorsqu'ils n'étaient pas ou lorsqu'ils n'étaient plus au pouvoir, l'incompatibilité de l'organisation de l'an VIII avec le régime parlementaire. En effet, il est évident qu'un système administratif et judiciaire créé pour le pouvoir absolu est inconciliable avec la République.

Toute l'administration du département est encore aux mains du préfet, comme, en l'an VIII, tout le gouvernement de la nation était aux mains du Premier Consul. Ce pouvoir exécutif personnel dans le département était le corollaire du pouvoir personnel dans l'État; c'en était même la condition, car l'existence d'une responsabilité unique et directe envers le chef suprême à tous les degrés permettait seule de briser les résistances et d'imposer partout à la fois une domination sans limites. C'est là une organisation purement césarienne. En fait, la plupart des communes sont administrées par les bureaux des préfectures et des sous-préfectures. Au commencement du siècle, le régime général du pays et la rareté relative des affaires pouvaient expliquer, à la rigueur, cette concentration de tous les pouvoirs aux mains d'un seul homme; mais, avec les transformations et les progrès modernes, elle est devenue un non-sens et un péril. Quoi d'étonnant à ce que le peuple français, soumis et accoutumé, pour ses affaires quotidiennes, tout près de lui, au pouvoir personnel dans la commune et dans le département, revienne sans cesse, instinctivement, au pouvoir personnel dans l'État? Les influences individuelles, l'esprit d'initiative, l'activité civique ne peuvent se développer : le cadre est trop étroit pour que les citoyens puissent s'initier aux affaires publiques, se rapprocher les uns des autres, se familiariser avec les pratiques constitutionnelles; ce système les rend impropres au *self government*. Au lendemain du boulangisme, je disais aux républicains : « Prenez garde! Toutes les institutions sont prêtes, tout est en place pour le despote inconnu ! »

Les autres peuples européens ont passé, comme nous, par la phase du despotisme; mais tous, les peuples latins comme les autres, à mesure qu'ils adoptaient le régime constitutionnel, ont modifié leur organisation administrative pour la mettre en harmonie avec leurs nouvelles institutions politiques; tous ont travaillé à restaurer leurs anciennes libertés locales. Nous trouverions dans les travaux du Parlement belge d'utiles indications pour préparer chez nous une réforme dans le même sens.

A l'étranger, de nombreux citoyens, occupés à

l'administration de la commune ou de la province, y font leur éducation civique et politique, apprennent à se diriger eux-mêmes; chez nous, l'apprentissage du citoyen fait défaut, il n'y a de place que pour l'influence du fonctionnaire. Nous n'avons ni les mœurs de la liberté, ni les instruments propres à nous les faire acquérir; nous sommes nivelés, façonnés à la domination d'un homme ou d'un parti. Nous devrions tendre à séparer de plus en plus, dans les pouvoirs et dans les budgets, les intérêts généraux des intérêts locaux. Nous devrions choisir entre un système de gouvernement qui consiste à tenir la France comme dans un filet et un système de gouvernement qui consiste à faire des hommes et des citoyens.

Les adversaires de la République soutiennent qu'un État républicain est incapable de décentraliser. La vérité est que, depuis la Restauration, tous les partis, après avoir réclamé la réforme administrative quand ils étaient dans l'opposition, l'ont tour à tour repoussée quand ils étaient au pouvoir. En 1815, Villèle la porte à la tribune; aussitôt, la gauche s'y oppose, sous le prétexte que des mesures libérales pourraient profiter à l'aristocratie terrienne et raviver les influences d'ancien régime. En 1819, on prépare une loi sur les institutions locales; les libéraux l'appuient, et c'est Villèle, alors, qui la combat. La revendication des libertés locales change constamment de côté. En 1828, elle sert d'engin de lutte contre la Restauration; de 1865 à 1870, contre le second Empire. Après la guerre de 1870 comme après la révolution de Juillet, des hommes qui, la veille, ont condamné notre système administratif le défendent parce qu'ils croient en profiter. On l'attaque quand on est dans l'opposition, on est trop heureux de s'en servir une fois arrivé aux affaires.

Le statut des fonctionnaires.

Il en a été de même pour le statut des fonctionnaires. La question, si elle n'a jamais été aussi pressante, n'est pas neuve. Que de luttes, depuis plus de soixante ans, pour tirer l'administration française du domaine de l'arbitraire et pour la faire entrer dans le domaine du droit! En 1844, Dufaure et Tocqueville réclament pour elle les garanties légales que nous demandons encore aujourd'hui; au dernier moment, le gouvernement fait échouer le projet, de peur d'affaiblir, dit-il, la prérogative royale. La République de 1848 promet le statut dans la Constitution même; cette fois, c'est Rouher qui, en 1850, fait tout manquer. Ainsi, sous tous les régimes, les gouvernements ont toujours cru que, s'ils abandonnaient une part de leur pouvoir discrétionnaire, ils affaibliraient l'État. C'est juste le contraire : ce pouvoir discrétionnaire, au lieu de garder les gouvernements, les expose, et le danger est encore plus grand sous la République, parce qu'on cherche à fortifier le régime par des moyens contraires à son esprit.

A l'époque où a été institué notre régime administratif, les fonctionnaires étaient une poignée dans la main d'un homme : où étaient alors nos 120,000 employés des postes, nos 120,000 agents des contributions, nos 102,000 instituteurs et institutrices, nos 400,000 employés des chemins de fer? Des forces sociales nouvelles ont surgi, et il s'est formé, à côté des anciens cadres, une véritable armée. De sorte que tout a changé, l'État et les fonctionnaires; mais les rapports entre l'État et les fonctionnaires sont restés à peu près les mêmes. Partout, le régime des décrets, cette survivance de l'ancien droit monarchique, des ordonnances royales, a fait place au régime de la loi; seule l'administration française est demeurée soumise à l'empire des décrets. Il est plus que temps de donner à l'administration française ce que possède depuis près de quarante ans l'administration allemande, une charte légale, fixant les devoirs et les droits des fonctionnaires, — la nomination, l'avancement, le déplacement, la discipline, la révocation. Il faut une barrière, un frein, mettant le ministre à l'abri de la sollicitation et le fonctionnaire à l'abri de l'injustice.

Commençons par émonder les branches parasites. En novembre 1789, lorsque l'Assemblée constituante découpait la France en départements, un député proposa d'en restreindre le nombre et s'écria : « Vous triplez tout! » Que dirait-il aujourd'hui, s'il pouvait voir nos locomotives, nos télégraphes, nos téléphones, nos automobiles et nos bicyclettes? La distance était alors le grand argument. Le département du Nord, à lui seul, est plus peuplé que onze départements; mêmes différences entre les arrondissements et les cantons. Or, tous ces organismes si inégaux sont pourvus à peu près uniformément des mêmes rouages. Pourquoi, aujourd'hui que les distances sont supprimées, ne conserver que des fonctionnaires sédentaires? Pourquoi certains fonctionnaires administratifs et judiciaires n'iraient-ils pas, comme les inspecteurs, aux administrés, aux contribuables, aux justiciables? Il y a là, tout en respectant les droits acquis et en ménageant les transitions, des économies considérables à réaliser.

On se plaint du favoritisme : ce ne sont pas les

hommes qu'il faut accuser, c'est le système, c'est le désaccord entre notre système administratif et notre régime politique. Un formidable marteau-pilon, une machine à broyer tout ce qui résiste, créé pour la toute-puissance d'un soldat victorieux et mis aux mains d'un parti : voilà le paradoxe sur lequel nous vivons. La politique de clientèle est l'inévitable résultat d'une organisation administrative qui n'a prévu ni le suffrage universel ni le régime parlementaire.

On en peut dire autant de la justice. Les scandales périodiques qui attristent ce pays si probe ne sont que les signes extérieurs d'un mal profond : l'invasion de la politique dans le prétoire. Ils se renouvelleront tant que nous n'aurons pas organisé fortement la séparation des pouvoirs. Les magistrats, aujourd'hui comme sous le Premier Consul, sont soumis à l'arbitraire du pouvoir : ni pour leur nomination, ni pour leur avancement, la France ne possède aucune des garanties dont jouissent depuis de nombreuses années les monarchies qui l'entourent.

Scandales judiciaires, révoltes de fonctionnaires, politique de clientèle, favoritisme, tyrannie locale, candidature officielle, tous ces maux, tous ces abus ont une même cause : la contradiction fondamentale entre la forme républicaine et le fond césarien.

La prochaine législature va-t-elle remettre les choses en place? Fera-t-elle cesser cette confusion des pouvoirs? Une Chambre élue au scrutin d'arrondissement pourra-t-elle résoudre, pourra-t-elle aborder même ce problème vital? Sur ce point, les républicains sont divisés. Un avenir prochain les départagera. Si la nouvelle Chambre se montre impuissante à entreprendre cette grande tâche de rénovation, alors il faudra bien en venir à la réforme électorale, et, comme le scrutin de liste pur et simple aboutirait aux injustices monstrueuses que j'ai indiquées à la tribune, il faudra bien y apporter, sous une forme ou sous une autre, un correctif[1].

L'impôt. — La libération de la terre. L'apprentissage.

Le Sénat, de son côté, discutera le projet d'impôt sur le revenu voté par la Chambre. Notre régime fiscal, vieilli, ne répond plus à la réalité des choses. Un système d'impôts, pour être juste, doit remplir deux conditions : exonérer à la base de chaque revenu un minimum d'existence en tenant compte des charges de famille, et redresser par une taxe de compensation progressive la sorte de progression à rebours qui résulte des contributions indirectes. Mais cet impôt complémentaire doit être limité à son rôle de taxe de redressement; car, le jour où il sortirait de cette fonction, il se retournerait contre le dessein de ceux

1. Voir *L'Organisation de la Démocratie*, pp. 221-271.

qui l'instituent en tarissant les sources mêmes de la richesse et en appauvrissant l'ensemble du pays. Ce que nous voulons, c'est un instrument fiscal qui permette d'égaliser les charges, non les fortunes.

Nous devons affranchir la terre, dévorée par le fisc et les hommes de loi, des entraves qui pèsent sur elle ; reviser la législation sur les licitations et les partages ; abattre la double haie de formalités et d'impôts, la coalition surannée d'une procédure byzantine et d'une fiscalité ruineuse, qui obstrue le seuil de la propriété foncière ; alléger le poids de la dette agraire et, suivant le projet voté par le Sénat, réformer notre mécanisme hypothécaire ; donner à nos agriculteurs la représentation professionnelle à laquelle ils ont droit ; délivrer nos campagnes du fléau de la mendicité et du vagabondage ; réprimer l'agiotage et les accaparements ; enfin favoriser l'essor admirable des syndicats et des coopératives et aider à une organisation scientifique de l'achat et de la vente des produits agricoles.

***

La France, comme tous les grands États, est obligée de supporter le double fardeau des dépenses sociales et des dépenses militaires. Il ne lui est pas encore permis de choisir. Nous ne pouvons malheureusement songer à réduire nos moyens de défense, alors que les autres ne cessent d'augmenter leurs moyens d'attaque. Cette nécessité nous impose deux conditions : l'une, c'est de supprimer les dépenses inutiles, l'autre, c'est de stimuler la production. A ce point de vue, le problème le plus urgent est celui de l'apprentissage. La très grande majorité des employés de l'agriculture, de l'industrie et du commerce ne reçoivent aucune éducation technique; ils se forment au hasard. Or, jamais les écoles d'apprentissage ne pourront être assez nombreuses pour accueillir tous nos futurs ouvriers. C'est dans les cours ouverts le jour, obligatoires pour tous les mineurs de dix-huit ans occupés dans l'industrie, qu'il faut chercher d'abord le moyen de former la main-d'œuvre indispensable à la prospérité de notre pays. C'est seulement par la collaboration de l'Etat, des groupements patronaux et des syndicats ouvriers, que nous pourrons mettre un terme à la crise de l'apprentissage.

Il faudrait aussi faire cesser les conflits administratifs, les confusions de responsabilités entre les diverses administrations (notamment entre les ministères du Commerce, de l'Instruction publique et des Affaires étrangères) et assurer l'unité de direction ; créer un enseignement plus pratique, mieux approprié aux besoins des temps nouveaux ; utiliser d'une façon rationnelle notre incomparable système de fleuves et de rivières ; éveiller chez nos industriels et nos commerçants cet esprit d'association qui contribue si puissamment à la formidable expansion économique de l'Allemagne.

Réformes parlementaires.

Enfin, il serait expédient d'améliorer l'outil même des réformes, la Chambre. Notre Parlement peut supporter la comparaison avec n'importe quel Parlement étranger. Depuis quarante ans, il a enfanté plus d'hommes, plus de talents et d'expérience que n'importe quel pays au monde. Dans les reproches qu'on lui adresse, il est impossible à tout esprit impartial et pondéré de ne pas faire la part de l'ignorance, de la frivolité et de la passion. Mais il est certain qu'il y a là une déperdition de forces qui pourrait être évitée. J'ai souvent indiqué à la Chambre, quand j'avais l'honneur de la présider, certains perfectionnements pratiques qui ne demanderaient, pour être accomplis, qu'un peu de bon vouloir. Mes collègues m'approuvaient; mais le cours des débats, le flot des affaires emportaient les meilleures intentions.

Séparer nettement la question de Cabinet des autres questions, afin qu'un ministère, en greffant la question de confiance sur la discussion d'une loi, ne puisse plus la fausser; supprimer l'habitude fâcheuse, contre laquelle tous les hommes qui ont occupé le fauteuil ont protesté à maintes reprises, d'introduire au cours de la discussion du budget des projets de résolution au moyen desquels on essaye de légiférer indirectement, des interpellations déguisées et des discussions générales, non seulement sur chaque budget particulier, mais même sur les différents chapitres; défendre l'ordre des travaux une fois réglé contre la facilité excessive laissée à tout membre de la Chambre de le bouleverser par une demande d'urgence; empêcher le dépôt d'amendements improvisés, qui viennent à la dernière heure détruire en un instant l'économie de lois étudiées parfois depuis des années; voter le budget dans la grande session, ce qui permettrait au Sénat de l'examiner dans la session extraordinaire et ce qui serait plus conforme tout à la fois à l'esprit de la Constitution et à l'intérêt financier du pays;

consolider pour plusieurs années certaines parties du budget, qu'il est oiseux de remettre chaque année sur le chantier : telles sont quelques-unes des mesures nécessaires pour rendre à notre règlement, corrompu par l'usage, sa force et sa vertu. Elles sont à la portée de la main; elles pourraient être aisément réalisées par le concours de tous.

Tel est le champ d'études et de réformes qui s'ouvre aux républicains. Elles ne porteraient sans doute pas la société française au degré de perfection de sociétés qu'il est aisé de se représenter infiniment plus belles, parce qu'elles n'existent que dans l'imagination de théoriciens; mais nous croyons qu'elles amélioreraient singulièrement l'état de notre pays, en lui donnant plus de force et de justice.

LA LIGUE DE LA PETITE PROPRIÉTÉ[1]

En juillet 1909, la *Ligue de la petite propriété* se reconstituait après une éclipse de douze ans, et tout d'abord décidait de procéder à une double enquête sur l'évolution de la propriété rurale et sur l'évolution de la propriété industrielle. La première, poursuivie auprès de tous les notaires de France, a donné lieu à deux mille réponses. Nous interrogeons en ce moment l'administration des contributions directes. Nous étudierons pro-

1. Président de la *Ligue de la petite propriété agricole et industrielle*, M. Paul Deschanel a résumé les travaux de cette association dans le journal *Le Matin* (9 octobre et 5 novembre 1910)

chainement les résultats de ces consultations.

Pour la deuxième enquête, tous les syndicats industriels patronaux de notre pays ont été consultés, et la Ligue a réuni un faisceau de 523 réponses utiles, constituant le document le plus considérable qui ait jamais été produit sur ce grave sujet de l'évolution de l'industrie.

Or, de ces 523 réponses, il résulte avec netteté, contrairement aux idées souvent reçues et professées, que la propriété industrielle tend à la diffusion dans la grande majorité des industries, et, à l'inverse, ne se concentre que dans un nombre restreint de professions, qui intéressent le sixième environ de la population industrielle française.

C'est l'atelier familial qui se reconstitue ou s'étend, tandis que l'usine à salariés perd du terrain devant lui. C'est le travail indépendant et libre qui attire à lui, qui émancipe un certain nombre de travailleurs subordonnés. Et comme un mouvement analogue, une évolution vers la propriété paysanne se manifeste d'autre part et parallèlement dans le monde rural, nous sommes en droit de dire qu'un courant puissant de liberté économique emporte notre pays vers la propriété universalisée.

Tout ouvrier qui, par son travail régulier, son esprit d'épargne et d'ordre et sa sobriété, se rend digne de la propriété et, par elle, de l'indépendance, semble dès ce moment, dans la majorité des professions industrielles, assuré de conquérir cette indépendance, d'accéder à cette propriété. Le législateur devra désormais s'appliquer à consolider ce nouvel état de choses.

Les causes qui ont conduit les travailleurs vers la propriété industrielle et l'autonomie de l'atelier familial sont indiquées par l'enquête et mises en relief dans le remarquable travail du rapporteur, M. Camille Sabatier.

C'est, en premier lieu, la diffusion de l'instruction, c'est l'école. L'enfant qui, à treize ans, résout les problèmes de cube, de surface, de mélange, d'intérêt, etc., se prépare à devenir plus tard un menuisier, un maçon, un peintre en bâtiment, etc. Quand il aura acquis, par ailleurs, les connaissances techniques, s'il est sobre, économe et ordonné, il prendra confiance en lui et s'installera à son compte.

Une deuxième cause de cette renaissance de l'atelier familial industriel doit être cherchée dans la difficulté moindre qu'éprouvent aujourd'hui les ouvriers qui s'installent à leur compte à obtenir à crédit le premier outillage et la matière première.

Enfin il faut constater une cause fort inattendue : partout où la politique des syndicats ouvriers se fait violente et exagère les contraintes, les meilleurs ouvriers, impatients d'une discipline outrancière ou maladroite, s'en libèrent en s'évadant vers l'atelier familial. Ils échappent ainsi à la férule des syndicats, en même temps qu'à la domination des patrons.

D'après les évaluations du rapporteur de l'enquête, cette floraison de petits patrons aurait accru de 20 p. 100 le nombre des ateliers dans les industries du bâtiment et dans nombre d'autres industries. Ce seraient, en ces dix ans, 300,000 petits patrons nouveaux, 400,000 depuis douze ou quinze ans, si l'on tient compte des 98,000 patrons nouveaux qu'avaient déjà signalés les résultats statistiques du dénombrement de 1901.

Une conséquence de cet accroissement du nombre des petits patrons industriels, c'est la diminution du nombre des ouvriers. Le rapport montre que cette diminution du nombre des ouvriers est même plus forte que l'accroissement du nombre des patrons. Deux causes de diminution numérique des ouvriers s'ajoutent à la précédente. Un certain nombre de jeunes hommes qui, autrefois, seraient demeurés dans les rangs ouvriers accèdent aujourd'hui aux emplois publics : instituteurs, employés des postes, dont le nombre s'est fort accru. La seconde cause est douloureuse à constater : le monde ouvrier n'assure plus son propre recrutement ; la propagande néo-malthusienne, si active depuis une quinzaine d'années, a amené ce triste résultat.

Comme, dans le monde rural, les mêmes causes de la diminution des salariés agissent, et que même l'accession des ouvriers à la propriété est constatée en agriculture depuis plus longtemps qu'en industrie, le rapporteur de l'enquête n'hésite pas à évaluer à *un million* le déficit de la population ouvrière depuis quinze ans. Si les recherches ultérieures vérifient cette assertion, quelle grave révélation pour l'homme politique et pour l'économiste!

Voici maintenant quelques chiffres :

Les enquêteurs ont consulté en premier lieu les syndicats patronaux industriels. Leurs réponses vont être communiquées aux syndicats ouvriers, qui seront priés de faire connaître leur avis.

Les syndicats patronaux industriels de l'annuaire officiel de 1908-1909 étaient au nombre de 1,800 environ. A ces 1,800 syndicats, le questionnaire fut envoyé pour la première fois à la fin d'août 1909; 132 seulement répondirent. Deux mois après, le questionnaire fut de nouveau adressé aux 1,700 syndicats qui n'avaient pas répondu; à ce deuxième appel, 191 syndicats répondirent. Devions-nous nous tenir pour satisfaits, ou lancer un troisième appel? Nous nous résolûmes à ce dernier parti. Pour la troisième fois, les syndicats retardataires furent interrogés : cette fois, nous obtînmes 200 réponses.

Les témoignages recueillis sont donc au nombre de 523. Si l'on veut bien observer que nombre des 1,800 syndicats inscrits sont fictifs ou ont cessé de fonctionner, on reconnaîtra que plus du tiers, peut-être la moitié des syndicats réellement existants ont répondu. Ces réponses sont venues de tous les points du territoire. Toutes les industries ont été représentées à l'enquête. Nous avons donc un faisceau de témoignages dont le nombre accroît l'autorité.

Or, un premier fait est à noter : c'est que l'enquête a toujours été semblable à elle-même. A toutes les questions posées, les réponses formulées en un sens ont été dans la même proportion par rapport à celles formulées en sens différent; et, dès les 100 premières réponses, les renseignements tirés de l'enquête se trouvent acquis. Que ce soit dans les 132 réponses de la première consultation, dans les 191 de la deuxième ou dans les 200 de la troisième, nous trouvons les mêmes relations entre les chiffres.

Et ces questions, particulièrement importantes, vont retenir brièvement notre attention.

A cette question : « Depuis dix ans, dans votre industrie et votre région, le nombre des patrons s'accroît-il, se réduit-il, ou reste-t-il stationnaire? », ont répondu :

304 syndicats : « Le nombre des patrons augmente. »
92 syndicats : « Le nombre des patrons diminue. »
119 syndicats : « Le nombre des patrons reste stationnaire. »
8 syndicats n'ont pas fait de réponse.
———
523

Les 92 diminutions sont dues, tantôt à la décadence totale de l'industrie, tantôt à un phénomène de concentration telle que Marx la prévoyait. Les 304 augmentations sont dues, tantôt à un accroissement d'activité industrielle, tantôt à un phénomène de déconcentration.

Mais on voit que cette déconcentration est trois fois et demie plus fréquente que le phénomène contraire.

Sur l'origine des nouveaux patrons, les réponses sont encore plus concordantes. Même dans des industries où il semble que la concentration continue d'agir plus ou moins, mégisserie, filature, on voit souvent de simples ouvriers accéder au patronat. A plus forte raison en est-il ainsi dans toutes les industries où s'accuse la tendance à la diffusion.

Voici quelles sont les industries dans lesquelles s'accroît le nombre des petits ateliers :

Coiffure, industries diverses du bâtiment (maçonnerie, menuiserie, charpente, serrurerie, peinture en bâtiments, plomberie, zinguerie, etc.), boulangerie, pâtisserie, charcuterie, horlogerie, imprimerie, coupe et taille de vêtements, industrie hôtelière, fabrication du meuble, de la chaussure, du chapeau; le plus grand nombre des petites industries; enfin la petite métallurgie : mécaniciens, ajusteurs, robinetiers, chaudronniers, etc., par opposition aux hauts fourneaux et fonderies et à l'industrie de la fabrication des outils, ustensiles et pièces, qui restent concentrés en un petit nombre d'établissements. Mais il faut considérer que la partie de la population intéressée par les branches métallurgiques, où la diffusion se produit, est bien plus nombreuse que celle des hauts fourneaux et des grands établissements métallurgiques, dont l'état reste stationnaire.

Par contre, les industries où la concentration paraît se maintenir sont : la verrerie (et non la céramique, sur l'évolution de laquelle l'enquête ne permet pas de se prononcer), la tannerie, la meunerie, la brasserie, la fabrication du papier et l'entreprise de travaux publics. La filature proprement dite — moins celle de la soie, qui se déconcentre — paraît en voie de concentration.

Il est impossible de formuler une opinion sur les tissages, au sujet desquels les réponses varient.

***

En définitive, un sixième environ de la population industrielle de la France subit un phénomène de concentration de propriété. Pour les trois cinquièmes, la propriété devient de plus en plus accessible. Pour le reste de la population, la question reste en suspens, soit parce que le nombre des réponses est trop faible, soit parce les réponses sont contradictoires.

Nous avons déjà signalé la diminution du nombre des ouvriers. Cette diminution se produit surtout en province, sauf en quelques grandes villes, Bordeaux, Nancy, Marseille, etc., qui maintiennent plus ou moins leur effectif ouvrier. Paris exerce également un vif attrait et draine la province; mais, malgré la tendance des ouvriers à se rendre dans la capitale, celle-ci n'accroît pas son effectif ouvrier et se borne à le maintenir. Encore faut-il remarquer que le recrutement ouvrier est en partie assuré par une proportion toujours plus forte d'étrangers, les Belges dans le Nord, les Italiens à Marseille.

Une politique avisée devra encourager ce mouvement de diffusion de la propriété, faire l'éducation de ces petits artisans et de ces petits propriétaires, de cette démocratie industrielle et rurale qui tend à reprendre dans notre pays la place de jadis.

Il n'est pas dit qu'à cette révolution pacifique la production doive perdre; il est certain que la liberté et la sécurité y gagneront.

AU CERCLE GAMBETTA

DE BORDEAUX[1]

Mes chers Concitoyens,

Je remercie M. le président et MM. les membres du Cercle Gambetta de l'honneur qu'ils m'ont fait en me conviant à ce banquet fraternel. Je suis heureux de saluer ici mes excellents collègues et amis, MM. Albert Decrais et Charles Chaumet, — M. Albert Decrais, qui, dans le Parlement, dans le gouvernement et au dehors, a

1. Discours prononcé le 3 avril 1910.

rendu à la France tant d'éclatants services, et Charles Chaumet, qui, par son labeur, son talent et sa droiture, a conquis l'estime et les sympathies de tous ses collègues, — et les représentants autorisés des Cercles et groupements républicains de votre ville. Je n'éprouve qu'un regret, c'est de ne pas voir au milieu de nous l'éminent citoyen qui a pris l'initiative d'élever sur une de vos magnifiques promenades l'admirable statue de Gambetta par Dalou; vous me permettrez de dire à M. Counord qu'en cette journée où la famille républicaine est réunie pour honorer la mémoire du grand patriote, il est, lui aussi, présent à nos cœurs.

Lors de ma dernière visite, M. Decrais a bien voulu me dire : « Vous revenez toujours avec plaisir, parce que vous sentez qu'il y a des affinités entre l'esprit girondin et le vôtre. » Je suis très fier de ce compliment; je voudrais le mériter; ce qui est sûr, c'est que, quand je viens à Bordeaux, — je vous le dis tout bas, vous ne me trahirez pas! — je me sens comme en bonne fortune! Oui, je crois bien que je suis amoureux de votre ville, si séduisante, si belle à la fois et si jolie, si finement intelligente et si noble !

Et ce qui aujourd'hui accroît encore mon plaisir, c'est d'être l'hôte de cette maison qui garde fidèlement les plus pures traditions républicaines, à cette place où sont venus parler tour à tour tous les amis, tous les disciples de Gambetta.

Célébrer sa mémoire, c'est proclamer les principes essentiels qui unissent tous les républicains et qui se résument en trois mots : laïcité, progrès social, grandeur nationale.

L'École laïque.

Le récent débat sur l'école a fait apparaître une fois de plus de graves malentendus. La lettre collective de l'épiscopat ne s'est pas bornée à critiquer certains instituteurs et certains livres, elle a condamné le principe même de l'enseignement laïque : « Il y a environ trente ans, dit-elle, que, par une déplorable erreur ou par un dessein perfide, fut introduit dans nos lois scolaires le principe de la neutralité religieuse; principe faux en lui-même et désastreux dans ses conséquences... L'école neutre est contraire à la foi, aux bonnes mœurs et au bien social. »

Tous les républicains ont été d'accord pour défendre l'école laïque. Pourquoi? On éprouve, en vérité, quelque embarras à revenir sans cesse sur des questions qu'on aurait pu croire épuisées; mais puisque notre marche est toujours entravée par ces controverses, nous sommes bien obligés de préciser une fois de plus devant le pays notre attitude.

A nos yeux, comme aux yeux de nos aînés, la laïcité de l'enseignement public est la conséquence de la sécularisation de l'État et le corollaire de l'obligation.

S'il est une loi historique dont l'évidence ne puisse être contestée, c'est la séparation toujours croissante du spirituel et du temporel. Tandis que, chez les peuples anciens, le pouvoir politique et l'autorité religieuse étaient confondus dans les mêmes mains, au contraire, à mesure que la civilisation avance, ils se distinguent de plus en plus. Ce fut l'honneur du christianisme, à son origine, de séparer les deux domaines, en arrachant la conscience individuelle aux prises de la cité. Et toute l'histoire de la France, aussi bien sous l'ancienne monarchie que depuis l'ère nouvelle, a été un long effort de sécularisation.

Aujourd'hui, il y a quelque chose qui ne fait plus partie de la mise sociale, comme dans l'antiquité; ce quelque chose d'inaliénable et de sacré, c'est la conscience. L'Etat ne peut se faire arbitre de ce qu'il faut croire ou ne pas croire. En fait de doctrines philosophiques, il doit être neutre, parce qu'il est incompétent. Si l'État voulait imposer une doctrine, il deviendrait une Église, c'est-à-dire, suivant la définition de M. Durkheim, un corps constitué entre hommes professant les mêmes croyances obligatoires. Et c'est ce qui faisait dire à Mirabeau : « La religion ne peut pas être plus nationale que la conscience. »

Non ! l'Etat ne peut ni imposer ni condamner

une doctrine. La royauté l'a tenté, elle a échoué; Napoléon l'a tenté, il a échoué. Et toujours les plus grands parmi les républicains ont repoussé cette chimère. Gambetta disait à Romans : « Je ne reconnais pas à l'État le droit de choisir entre les doctrines sur l'origine du monde et sur la fin des êtres. » Jules Ferry disait, dans le débat sur l'article 7 : « L'État a le devoir d'être indifférent au milieu des doctrines religieuses, car il leur doit à toutes égale protection. » Et Waldeck-Rousseau s'écriait ici même, à Bordeaux : « Nous ne confondons pas l'unité nationale, qui est faite dans notre pays, et l'unité de doctrine, dont nous ne voulons pas. »

Or, s'il n'y a plus de religion d'État, comment l'État aurait-il une religion d'école? C'est un évêque, — un évêque girondin, il est vrai! — qui disait en 1569 : « On ne va pas aux collèges pour apprendre les choses de la foi; les églises sont ordonnées à ces fins. » Oui, nous pensons comme l'évêque de Bazas : le culte, la chaire, le séminaire, voilà le domaine de la foi.

Et la laïcité est la conséquence de l'obligation. L'école étant construite et entretenue par tous et fréquentée obligatoirement par tous, la diversité des croyances, des dogmes, des conceptions philosophiques et religieuses doit y être pleinement respectée.

Ah! je sais bien que, il y a quelques années, une autre politique a surgi, toute différente. Des voix se sont élevées, criant : « La neutralité scolaire est un mensonge, une hypocrisie, une impossibilité; nous voulons détruire la religion catholique! »

Ainsi, à côté des républicains restés fidèles à la doctrine de l'Etat laïque, de l'État neutre, incompétent en matière de croyance ou d'incroyance, d'autres, par une conception différente, considérant le catholicisme comme l'erreur et n'admettant pas, eux non plus, la liberté de l'erreur, voulaient un État prenant parti dans la lutte des croyances, entrant en lice, armé en guerre pour ce qu'ils croient la vérité et retournant la parole de Bossuet : « Le prince doit employer son autorité pour détruire les fausses religions. »

C'est ainsi que toujours les partis extrêmes s'appellent, se répondent, s'excitent, s'entr'aident l'un l'autre.

Et voyez, des deux côtés, les étranges effets de pareilles erreurs. Les livres destinés à l'enfance, les manuels scolaires, devraient être rédigés avec une loyauté absolue, avec une probité scrupuleuse, car on ne saurait toucher avec assez de délicatesse aux jeunes esprits : or, des orateurs de gauche nous ont apporté des manuels où étaient supprimés, parmi les grands écrivains du XVIIe siècle, Pascal, parce qu'ennemi des jésuites, et, parmi les grands savants du XIXe siècle, Berthelot, parce que libre penseur; et des orateurs de droite nous ont apporté des manuels d'où étaient rayés les noms de saint Bernard et de saint Vincent de Paul!

Laissons là ces misères. L'instituteur n'a ni à enseigner une religion ni à la combattre. L'école publique ne peut être confessionnelle ni anti-confessionnelle. Si elle s'attaque à une religion et aux consciences qui en vivent, elle ruine son propre principe. Laïcité, dans la pensée des républicains dignes de ce nom, signifie non pas tolérance, — il ne s'agit pas de nous tolérer les uns les autres, — mais liberté, respect, union de tous, indépendamment de ce qu'ils pensent et de ce qu'ils croient.

Personne, dans les récents débats sur l'école, n'a demandé le monopole. Ce que demandent les républicains, — d'accord en cela avec les libéraux de tous les temps, sous tous les régimes, — c'est l'égalité des grades et des diplômes pour l'enseignement public et pour l'enseignement privé, et l'inspection, — non je ne sais quel monopole déguisé qui serait indigne de la loyauté républicaine, mais le contrôle. Et c'est précisément parce que l'État revendique ce droit de surveillance, qu'il a le devoir de se surveiller lui-même, en bannissant de ses écoles toute polémique, soit dans l'enseignement de la morale, soit dans l'enseignement de l'histoire; car l'école publique n'enseigne pas au nom d'un parti, elle enseigne au nom de la France.

Il s'agit de concilier le droit de la famille et le

droit de la nation. Il est impossible de faire abstraction soit de l'une, soit de l'autre. Il arrive toujours un moment où les théories absolues sont obligées de plier devant les faits : car la liberté la plus large a pour limites les garanties de capacité, le respect de la morale, de la Constitution et des lois; et, à l'inverse, le monopole s'arrête nécessairement au seuil du foyer domestique, où la famille, même par délégation, peut toujours faire élever ses enfants comme il lui plaît. Nier le droit de la famille ou nier le droit de cette famille plus large qui s'appelle la patrie, ces théories extrêmes, dès qu'elles essayent de se réaliser, s'évanouissent au contact de la vie : on ne peut supprimer ni l'un ni l'autre, il les faut donc concilier.

Or, cette conciliation nécessaire a un nom dans l'histoire de l'esprit français, du droit public français : c'est la liberté réglée, la liberté ordonnée, la liberté ayant pour corollaires l'égalité et la responsabilité. C'est la doctrine qui a triomphé dans les assemblées de la Révolution avec Talleyrand, Condorcet, Lakanal, Daunou; et c'est la doctrine qu'ont défendue, il y a quelques années, devant la commission de l'enseignement, tous les hommes d'État républicains.

Enfin, il faudrait assurer, par des sanctions plus efficaces, la fréquentation scolaire, et mettre fin à ce scandale : l'entrée de quatorze mille jeunes Français illettrés au régiment ; élever l'âge de la scolarité à quatorze ans ; étendre progressivement l'obligation aux cours d'adultes et, à mon avis, ôter la nomination des instituteurs aux préfets pour la donner aux autorités universitaires.

Les réformes.

Nous ne séparons pas la politique de progrès social — qui est avant tout affaire d'éducation — de la cause de l'enseignement populaire.

On s'est souvent demandé quel eût été le rôle de Gambetta s'il avait vécu (il aurait aujourd'hui soixante-douze ans). Dans ces jeux — un peu factices — de politique conjecturale, les diverses fractions du parti républicain ont pu se réclamer de sa politique, parce qu'il s'agissait pour lui de maintenir, au moyen de transactions et de concessions réciproques, l'unité des éléments les plus divers du parti républicain et de se transporter rapidement d'une aile à l'autre de l'armée, pour la mener, compacte, à la conquête du pouvoir, puis, la victoire gagnée, d'organiser la conquête; et c'est là ce qui explique que, sur certaines questions maîtresses, il a soutenu tour à tour, suivant les époques, des opinions opposées, poursuivant toujours, par des voies différentes, le même dessein : au dedans, le triomphe de la République, au dehors, le relèvement de la France. Et, de même qu'en 1877 il ne faisait pas la même politique qu'en 1869, de même en 1882 il ne faisait pas la même qu'en 1877, et en ce sens on peut dire *qu'il* n'y a pas un Gambetta, il y a des Gambetta :

Chacun en a sa part et tous l'ont tout entier.

Mais, si l'on s'élève aux cimes de sa pensée, on peut le définir en ces termes : laïque, démocrate et patriote. Et, de même qu'il eût défendu avec nous la laïcité scolaire, de même il eût collaboré avec nous à cette politique sociale qui sort de la science et du suffrage universel : hier, les lois sur les syndicats professionnels, les sociétés de secours mutuels, le travail des enfants, des femmes, des hommes; sur l'hygiène, la protection des salaires, l'assurance contre les accidents, l'assistance aux enfants, aux malades, aux vieillards; le crédit et les assurances agricoles, le bien de famille insaisissable; les retraites ouvrières; demain, la réforme fiscale dégrevant la terre et le travail; l'assurance contre le chômage, contre l'invalidité et le logement insalubre; le syndicat propriétaire, le contrat collectif, l'organisation de la grève, le crédit ouvrier, la participation des travailleurs, non plus seulement aux bénéfices, mais au capital, cette institution déjà si florissante en Angleterre, que nous devons acclimater en France, et d'abord dans un domaine où elle ne peut gêner en rien la liberté des industries, dans les entreprises qui ne doivent leur existence qu'à des concessions de l'État, des départements et des communes.

La France est obligée de soutenir le double effort des dépenses sociales et des dépenses militaires, et plus qu'aucun peuple au monde elle est en situation de supporter ce double fardeau. Mais à une condition : c'est de supprimer toute dépense inutile. Or, parmi les dépenses inutiles, j'aperçois d'abord le formidable outillage administratif que nous a légué un monde disparu. Il y aurait là, tout en ménageant les transitions et en tenant compte des droits acquis, des économies considérables à réaliser. Et cela sans toucher aux cadres actuels. Mais est-ce que ces cadres mêmes, combinés pour la distance, conviennent encore au temps de la vapeur, du télégraphe, du téléphone et de l'automobile? Un arrondissement d'aujourd'hui est plus petit qu'un canton de l'an VIII.

Et si nous allons au fond des choses, n'est-il pas évident qu'un système administratif créé pour le pouvoir personnel est incompatible avec les institutions parlementaires? Et la justice? Nous devrions posséder depuis longtemps une magistrature de pays libre. Les scandales du prétoire ont pour cause première ce qu'un des plus hauts magistrats de la République appelait, il y a quelques années, « le fait du prince ». Ils se renouvelleront, je le crains, tant que nous n'aurons pas organisé fortement la séparation des pouvoirs.

. . . .

Tel est le problème vital qui va se dresser devant la prochaine Chambre. Pourra-t-elle le résoudre? Une Chambre élue au scrutin d'arrondissement pourra-t-elle briser le vieux moule? Les républicains, là-dessus, diffèrent d'opinion. Un avenir prochain les départagera. Si la réforme administrative ne se fait pas, la réforme électorale s'imposera. Et alors, comme le scrutin de liste pur et simple aboutirait à de révoltantes injustices (dans le département de la Seine, par exemple, en prenant les chiffres des élections de 1906, les 215,000 socialistes emporteraient au second tour les 52 sièges, parce qu'ils ont 3,000 voix de plus que les 212,000 radicaux, contre 200,000 conservateurs ou modérés; dans le département du Nord, 108,000 radicaux emporteraient les 25 mandats, parce qu'ils ont 2,000 voix de plus que les 106,000 socialistes, contre 101,000 conservateurs; ailleurs, les candidats de droite enlèveraient tous les sièges, avec quelques centaines de voix de plus que les républicains); en présence de telles impossibilités, on sera bien obligé de recourir, sous une forme ou sous une autre, à un correctif.

On rendra cette justice aux républicains proportionnalistes qu'ils n'ont guère gêné les républicains non proportionnalistes! Il y a des hommes qui font de la réforme électorale une arme de guerre contre la République. Il y en a d'autres qui mettent la réforme électorale au-dessus de la République. Nous, nous mettons la République au-dessus de la réforme électorale. Nous ne consentons pas à sacrifier l'intérêt de républicains à une cause qui nous paraît juste. Je ne crois pas qu'un seul adversaire de la proportionnelle puisse nous adresser sur ce point le moindre reproche. C'est l'honneur des républicains qu'ils puissent défendre loyalement, courtoisement, des points de vue différents, sans se nuire les uns aux autres et sans affaiblir leur idéal commun.

Mais, dès le début de la nouvelle législature, le problème de la réorganisation administrative va se poser; seul, le gouvernement a les moyens d'entreprendre cette grande œuvre de rénovation; c'est à lui, alors, qu'il appartiendra de prendre les initiatives nécessaires pour alléger le poids toujours plus lourd qui pèse sur le pays.

L'organisation économique.

Il ne suffit pas de supprimer les dépenses inutiles : il faut augmenter nos ressources en stimulant la production.

Ici, le problème le plus urgent est celui de l'apprentissage La très grande majorité de nos ouvriers, de nos employés, ne reçoit aucune éducation technique. Or, jamais les écoles d'apprentissage ne pourront être assez nombreuses pour accueillir tous nos ouvriers. C'est dans les cours ouverts le jour, obligatoires pour tous les mineurs occupés dans l'industrie, qu'il faut chercher d'abord le moyen de former la main-d'œuvre indispensable à la prospérité de notre pays. C'est seulement par la collaboration de l'État, des groupements patronaux et des syndicats ouvriers que nous pourrons mettre un terme à la crise de l'apprentissage.

Il faut adopter un programme d'action économique et y concentrer nos forces; arrêter par un énergique effort l'effrayant déclin de notre commerce à l'extérieur et de notre marine marchande, qui, sur tous les points du globe, arrache à nos consuls des cris d'alarme et des avertissements unanimes; refaire le régime administratif de nos ports de commerce, sur lequel notre ami Chaumet vient de déposer un rapport excellent; rénover un système d'éducation vieilli et, au lieu de développer chez la jeunesse le goût des emplois monotones et sédentaires, exciter en elle l'initiative et l'énergie individuelles; au lieu de faire de nos maisons d'enseignement des usines à mandarins, former des industriels, des commerçants, des colons, les instruire à s'associer, à se liguer, comme le font leurs concurrents d'outre-Rhin; mieux utiliser notre admirable système d'artères fluviales, de rivières, et développer nos canaux, afin d'établir un vaste réseau d'échange et de richesse entre le cœur de la France et son littoral et, par là, avec l'univers.

Le travail législatif.

Enfin, il serait expédient d'améliorer l'outil même des réformes, la Chambre, dont parlait en termes si éloquents, si élevés notre ami M. Decrais. Il est de mode, en certains milieux, de dénigrer le Parlement. J'estime, pour ma part, que le Parlement français n'a rien à envier aux Parlements étrangers. Jamais aucune Chambre n'a siégé davantage. Elle travaille beaucoup. Mais elle pourrait travailler mieux. Il est certain qu'il y a là, faute de méthode, une déperdition de forces. Je souhaiterais que le règlement fût remanié sur certains points. Ainsi, nous pourrions décider de ne discuter en séance publique aucun amendement qui n'eût été préalablement imprimé et communiqué à la commission; car, avec le système des amendements trop légèrement improvisés, l'organisation tout entière de l'État peut être livrée au hasard. Nous devrions mettre un terme à la fréquence excessive des demandes d'urgence, devenues trop souvent fictives pour éluder le règlement.

On a pris peu à peu l'habitude d'introduire dans la discussion du budget toutes sortes de choses qui n'ont rien de commun avec la fixation des dépenses et des recettes. Interpellations, questions, motions, projets de résolution, ordres du jour, propositions et projets de loi sont venus se glisser dans la discussion des chapitres du budget des dépenses. Le budget des recettes est devenu une véritable encyclopédie, et la Chambre, à certaines heures, paraît transformée en une sorte de grande commission qui modifie à elle seule les lois organiques au moyen de la loi de finances. Si nous passions moins de temps à discuter le budget, nous en donnerions plus aux réformes.

L'avenir.

Mes chers Concitoyens, nous avons entendu ces jours-ci beaucoup de paroles de découragement. Nous voyons des gens moroses, fatigués, quitter la vie publique et se retirer sous leur tente; c'est le parti des désenchantés. Ce pessimisme, je l'avoue, n'est point mon fait. Au lieu de désespérer de tout, j'estime que nous devons tâcher de voir clairement nos points faibles, les montrer courageusement au peuple et, avec lui, essayer d'y porter remède. Pour moi, je conserve un invincible espoir dans les destinées de mon pays, et je vous demande la permission de vous dire, en terminant, une de mes raisons.

Il y a quelques années, lors de l'affaire de Tanger, nous avions connu — vous vous en souvenez — de mauvais jours. Puis, quelques années s'écoulèrent; une autre crise survint. Mais la leçon avait porté : cette fois, la France était prête; elle se retrouva tout entière debout, unie, serrée autour du drapeau, comme en 1870 autour du grand patriote dont vous portez le nom. Et le monde comprit. Confiante dans son droit, dans sa force, dans le courage de ses enfants, appuyée sur de fidèles alliances, qu'elle ne laissera pas traverser, la France peut poursuivre en paix sa tâche sacrée.

Non! nos pères n'ont pas lutté et souffert en vain! Et nous pouvons redire les beaux vers du poète :

> Le Français ressemble au saule verdissant :
> Plus on le coupe, et plus il est naissant
> Et rejetonne en branches davantage,
> Prenant vigueur de son propre dommage.

En buvant à la mémoire de Gambetta, je bois aux victoires républicaines et aux destinées immortelles de la France!

A L'ASSOCIATION PHILOTECHNIQUE

Élu président de l'*Association philotechnique*, M. Paul Deschanel prononça le discours suivant, le 13 novembre 1910, à la Sorbonne.

Mesdames et Messieurs,

Laissez-moi vous exprimer ma profonde reconnaissance pour le très grand honneur que vous m'avez fait en m'appelant à la présidence de l'Association philotechnique.

Ce haut témoignage de confiance et de sympathie va, je le sens bien et je vous en remercie, d'abord à la mémoire de mon père. M. le secrétaire général rappelait tout à l'heure qu'en 1848, la seconde République avait confié à des professeurs de l'Université le soin de faire des conférences populaires dans les faubourgs de Paris. On avait eu jusque-là, au Collège de France, les « professeurs et lecteurs royaux » : la République institua les « lecteurs du peuple ». Mon père fut l'un d'eux. Puis, plus tard, sous le second Empire et sous la troisième République, il fonda, dans la circonscription du département de la Seine qu'il représentait à la Chambre, plusieurs de vos sections, devenues aujourd'hui associations autonomes sous la présidence de M. Raymond Poincaré. Et ce m'est une joie bien douce, d'entrer ici sous les auspices du grand républicain que je pleure et dont l'existence entière fut un modèle de vertu civique et de noblesse morale, au bras d'un homme dont l'amitié précieuse ne m'a jamais fait défaut et qui, par la dignité et l'unité de sa vie, par sa puissance de travail, sa lumineuse intelligence et son patriotisme, est pour la France une parure et une force.

Et ce qui, aujourd'hui, accroît encore mon plaisir, c'est de penser que je vais applaudir avec vous une conférence de M. Charles Richet, ce savant éminent dont l'âme généreuse s'élance, en quelque sorte, par-delà les frontières, dans les profondeurs de l'avenir, comme les merveilleux engins qu'il va nous décrire s'élancent dans les profondeurs du ciel.

***

Mesdames et Messieurs, lorsque votre dévoué secrétaire général est venu, il y a quelques jours, m'entretenir de votre œuvre, une chose m'a frappé d'abord : c'est l'extrême souplesse avec laquelle elle se prête à tous les besoins nouveaux, à tous les progrès de la vie contemporaine. Vos programmes ouvrent à la jeunesse les horizons les plus variés : lettres, sciences, arts, instruction civique, agriculture, industrie, commerce et, dans le domaine de l'enseignement professionnel, depuis la couture, la broderie, la dentelle et la mode, jusqu'à la sténographie, la comptabilité et l'assurance : par là, vous comblez, autant qu'il est en vous, la grande lacune de notre enseignement public, vous essayez de regagner l'avance que certains peuples voisins, tels que l'Allemagne, ont prise sur nous et de remédier en partie à la redoutable crise de l'apprentissage.

Vous ne vous contentez pas d'apprendre aux jeunes Français les langues étrangères, vous apprenez aux étrangers notre langue et vous contribuez ainsi à accroître le rayonnement de notre génie. L'étranger trouve ici la vraie France, ces maîtres dont le désintéressement égale le savoir, et cette jeunesse laborieuse, qui porte en elle tant d'espérances.

Puis, voici que vous pénétrez dans les casernes et que vous portez à nos jeunes soldats le pain de vie. Tout à l'heure, nous aurons la bonne fortune de remettre à deux sous-officiers qui se sont distingués parmi leurs compagnons d'armes les diplômes que M. le ministre de la Guerre leur a décernés. Vous ouvrez des cours de préparation au service militaire. Ah! Messieurs, quelle réponse aux misérables sophistes qui prêchent le mépris des vertus militaires et qui essayent d'opposer l'humanité à la patrie, comme si le meilleur moyen de servir l'humanité n'était pas de payer d'abord sa dette à la patrie, comme si ces deux termes, loin de s'opposer l'un à l'autre dans une antinomie meurtrière, ne se conciliaient pas, au contraire, dans une harmonie supérieure!

Tout ce qui fait la dignité, la grandeur, la liberté de la patrie est en même temps ce qui fait la dignité, la grandeur, la liberté de l'homme : l'inviolabilité de la patrie et celle de la conscience procèdent du même principe.

Aussi entendez-vous défendre l'une et l'autre. Vous voulez que, dans la nation libre et forte, le citoyen soit libre et fort. Vous voulez assurer à la personne humaine la première de toutes les libertés, la liberté de vivre, et, pour cela, aider le plus grand nombre d'hommes possible à conquérir le capital et la propriété.

Oui, grâce à vous, de plus en plus, l'ouvrier d'aujourd'hui peut devenir, par son intelligence et son courage, le patron ou l'associé de demain.

Et si ce n'est pas lui, eh bien! ce sera son fils.

Et qu'y a-t-il de plus noble et de plus touchant, pour un brave travailleur, que de pouvoir se dire : « Oui ! j'ai lutté, j'ai souffert, j'ai eu faim, j'ai eu soif, j'ai eu froid ; mais mon fils, lui, sera plus heureux que moi, il verra de plus haut et plus loin que son père, parce que je l'aurai porté sur mes épaules ! »

Et c'est là, mes chers Concitoyens, la démocratie véritable, celle que nous sommes fiers de servir et à laquelle nous donnons le meilleur de nous-mêmes, non je ne sais quelle démagogie agitée, turbulente et envieuse, qui, dès qu'un homme s'élève par ses talents, par ses vertus, essaye de le salir et de l'abattre, mais la démocratie véritable, qui n'est autre chose que l'ascension continuelle du peuple par l'intelligence, par le travail et par l'honneur !

L'idée supérieure qui nous relie tous, qui fait battre nos cœurs à l'unisson, c'est la solidarité fraternelle entre les travailleurs de tout ordre, travailleurs du sillon, travailleurs de l'atelier, travailleurs de la mine, travailleurs de la pensée et de la plume, c'est l'unité profonde du labeur humain.

Le laboureur, qui, du sillon où il peine, fait germer, avec la nourriture de l'homme, la puissance et la liberté de la patrie; l'ouvrier, qui va chercher dans les couches profondes de la terre le soleil emmagasiné depuis des siècles ou qui fait mouvoir les forces qui en sont la transformation; le soldat, qui marche à travers la mitraille et qui se sacrifie pour sauver le drapeau; l'aviateur, qui ouvre à l'humanité une vie inconnue en lui donnant des ailes : chacun accomplit à sa manière un acte d'amour, chacun est, à sa manière, au service de l'idéal, chacun, du fond de sa destinée périssable, participe un moment à l'œuvre de la justice éternelle.

Continuez donc votre œuvre, ô mes amis, et enfermez dans vos âmes le beau vers qu'avant de disparaître adressait à son fils l'homme dont j'ai l'honneur de porter le nom :

« On n'emporte en mourant que ce qu'on a donné! »

et de la plume, c'est l'unité profonde du labeur humain.

Les laboureurs, qui, du sillon [illegible]

A LA CHAMBRE DES DÉPUTÉS

POLITIQUE INTÉRIEURE[1]

Après les élections législatives de 1910, le Cabinet Briand se présenta de nouveau devant le Parlement. Un certain nombre d'interpellations furent aussitôt discutées par la Chambre des Députés, dont la composition venait de subir de notables changements. Au cours de ce débat, M. Paul Deschanel fut amené à tracer les grandes lignes d'un programme de politique intérieure.

M. PAUL DESCHANEL. — Messieurs, nous nous trouvons en présence d'une situation nouvelle, complexe. Vous estimerez peut-être que le devoir de chacun de nous, et particulièrement de ceux

1. Discours prononcé le 21 juin 1910.

qui siègent depuis longtemps dans cette Assemblée, est de dire très simplement, très franchement ce qu'ils pensent.

Le gouvernement, dans sa déclaration, nous invite à collaborer à une série de réformes qui figurent depuis longtemps dans notre programme et pour lesquelles notre concours lui est acquis : une législation nouvelle sur le contrat de travail, l'organisation du crédit ouvrier, la participation des travailleurs au capital, la capacité civile des syndicats professionnels, l'organisation de la loi sur les retraites ouvrières et la réforme de l'impôt.

Il y ajoutera l'organisation de l'enseignement professionnel et technique, l'achèvement du code du travail, la protection du travail des femmes, la réglementation des salaires des ouvriers et employés des chemins de fer, enfin, d'une manière générale, l'interprétation loyale des lois ouvrières votées par le Parlement.

Et, à ce propos, je crois que nous devons nous féliciter d'avoir vu ici un militant de la Confédération générale du travail venir dans la légalité, dans la dignité de nos libres controverses, apporter les doléances et les vœux de ses commettants.

Nous qui sommes invinciblement attachés aux institutions libres, au gouvernement de discussion, à ce gouvernement de contrôle parfois si injustement décrié (*Très bien! très bien!*), parce que nous ne voyons, en dehors de lui, qu'aventures et périls (*Vifs applaudissements à gauche et au centre*), nous avons le droit de constater une fois de plus qu'il offre cet inappréciable avantage sur les régimes de compression et de silence de permettre au peuple d'exprimer librement ses revendications et à la représentation nationale de les contrôler aussitôt, d'en écarter, s'il y a lieu, les exagérations et d'y faire droit lorsqu'elles sont justes. (*Très bien! très bien!*)

Comme le gouvernement, nous pensons que la réforme électorale commande la réforme administrative, — car on ne conçoit guère une Chambre modifiant les vieux cadres, supprimant les rouages et les fonctionnaires inutiles avant d'être fixée sur le mode de scrutin suivant lequel elle devra être réélue (*Applaudissements*), et nous pensons que la réforme électorale domine la situation politique en ce sens qu'il y a ici deux formations différentes qui, tant que la question électorale ne sera pas réglée, se traverseront, se contrarieront l'une l'autre. (*Très bien! très bien!*)

Les élections ont durement frappé le scrutin d'arrondissement. Je n'ai jamais été, vous le savez, aussi sévère que quelques-uns de mes amis pour ce mode de scrutin. Il a rendu de grands services à la République; il l'a défendue contre les aventures prétoriennes; il nous a permis d'accomplir les grandes réformes de laïcité et de progrès social qui sont notre honneur.

J'ajoute qu'il y a quelque chose de très noble dans ce lien de confiance qui s'établit entre les électeurs et l'élu, qui permet au député de devenir le conseiller, l'ami, l'éducateur de ses commettants. Oui, il y a là, dans cet effort moral commun, pendant dix ans, pendant vingt ans, pendant trente ans, dans cette fidélité, dans cette affection mutuelle, un puissant réconfort et une réelle grandeur. (*Applaudissements au centre et sur divers bancs à gauche.*)

Il y a ici des hommes, — et je suis du nombre, — qui seraient des ingrats s'ils traitaient avec dédain l'arme qui, souvent, leur a donné la victoire. (*Très bien! très bien!*)

Mais, au-dessus de ces sentiments, si profonds qu'ils soient, il y a la France, il y a cette grande œuvre de rénovation politique, administrative, judiciaire, dont parlait hier éloquemment mon ami Cruppi, cette œuvre qui nous presse, que nous avons le devoir d'entreprendre et qui veut des horizons plus vastes.

Avec le scrutin d'arrondissement, il est une autre institution qui paraît avoir reçu du même coup une atteinte profonde, c'est le scrutin de coalition, et ce qui est par excellence le scrutin de coalition, le scrutin de ballottage. (*Applaudissements au centre et à gauche.*)

Oh! je ne songe pas à faire le procès des hommes; je n'aurais certes pas l'impertinence de critiquer l'origine de représentants du peuple qui siègent ici au même titre que nous; mais ce que je dénonce, au nom de la vérité politique, au nom de la sincérité électorale, c'est un système que l'Angleterre, créatrice du gouvernement parlementaire et de la liberté politique, n'a jamais connu ; un système que nos constituants républicains de 1848 ont repoussé, qui a reparu avec la réaction de 1849 et le coup d'Etat de 1851 ; que Gambetta, en 1871, a écarté par le décret de Bordeaux; un système qui n'a pour lui ni la logique ni même l'arithmétique, puisqu'un candidat peut être élu au second tour avec moins de voix que n'en avait obtenu un de ses concurrents au premier; un système enfin qui, après avoir jeté la confusion dans le corps électoral, la prolonge dans le Parlement, puisqu'un député élu par des partis différents ou même opposés doit, pour rester fidèle à ceux qui l'ont élu, s'efforcer de donner satisfaction à des aspirations, à des doctrines, à des volontés contradictoires. (*Vifs applaudissements à gauche et au centre.*)

Assurément, ces coalitions ne sont point chose nouvelle dans notre histoire, — Gambetta et Jules

Ferry en ont su quelque chose, — et tel qui s'en plaint aujourd'hui n'a pas dédaigné d'en profiter jadis. (*Très bien! très bien!*)

Mais il est certain qu'elles deviennent plus dangereuses lorsqu'elles rencontrent une plate-forme commune.

Ah! nous avions prévenu le parti républicain. J'avais dit moi-même à la dernière Chambre : « La proportionnelle, qui, votée, rendrait impossibles les coalitions entre partis extrêmes, non votée, les noue, puisqu'elle est le programme commun d'hommes qui se combattent sur tout le reste. (*Très bien! très bien!*) Elle ne peut servir de trait d'union entre les partis extrêmes qu'autant qu'elle n'est pas votée; si elle l'était, chacun serait obligé de marcher au combat sous son drapeau, avec ses propres forces. » (*Vifs applaudissements au centre, à l'extrême gauche et sur divers bancs à gauche.*)

Et comme nous avions vu le piège et que nous ne voulions pas y tomber, j'ajoutai presque aussitôt : « Nous ne nous prêterons pas à des tractations qui pourraient devenir des trahisons, car nous mettons la République au-dessus de la réforme électorale. » (*Vifs applaudissements à gauche et au centre.*)

Et nous avons rigoureusement conformé nos actes à nos paroles. Je n'aurais jamais consenti, en ce qui me concerne, à sacrifier les intérêts, la situation des républicains à ce qui m'apparaît comme une nécessité d'avenir.

M. César Trouin. — Vous, oui; mais pas tous les partisans de la représentation proportionnelle. Vous avez été loyal.

M. de Kerguézec. — Tout le monde n'a pas fait comme vous, en effet!

M. Paul Deschanel. — Et, de même que nous avons montré le péril hier, nous le montrons encore aujourd'hui et nous disons: « Prenez garde! tant que la réforme électorale ne sera pas résolue d'une façon ou d'une autre, les ennemis de la République resteront les arbitres des destinées de la République. » (*Très bien! très bien!*)

Il ne serait évidemment pas possible de recommencer dans cette Chambre ce que nous avons fait dans l'ancienne, d'ajourner d'heure en heure, de session en session, un débat nécessaire : quel que soit le projet qui sorte de nos délibérations, il faudra que le Sénat ait le temps de le discuter et, s'il y apporte des corrections, il faudra que la Chambre l'examine de nouveau. Et puis, il faudra que les partis aient le temps de s'organiser. Ah ! ce ne sera pas chose facile, de rompre avec les vieilles habitudes, de renoncer à la politique de groupe pour y substituer la politique de parti ; car, cette fois, il faudra bien, sous peine de mourir, que les personnes disparaissent devant les idées ! (*Vifs applaudissements au centre, à l'extrême gauche et sur divers bancs à gauche et à droite.*) Et c'est là, d'ailleurs, de quoi rassurer ceux qui redoutent que le vote de la réforme électorale n'abrège les jours de cette Chambre.

Nous ne devons ni éluder, ni brusquer les choses ; nous devons peser mûrement toutes les objections, profiter de l'expérience des autres, des erreurs qu'ils ont pu commettre, des améliorations qu'elles rendent nécessaires.

M. CHARLES BENOIST. — Très bien !

M. PAUL DESCHANEL. — A une grande œuvre d'équité nous ne saurions apporter trop de scrupules d'équité.

Il ne s'agit pas seulement ici d'un problème d'arithmétique électorale, — bien que, sous le régime du suffrage universel, alors que le pouvoir doit appartenir à la majorité, il soit assez intéressant de savoir exactement où est cette majorité, — il s'agit d'une nécessité de fait, puisque, si le scrutin d'arrondissement disparaît, comme le scrutin de liste pur et simple pourrait aboutir à attribuer tous les sièges d'un département à une minorité, il paraît impossible de ne pas y apporter, sous une forme ou sous une autre, un correctif, — sans affaiblir, bien entendu, la règle majoritaire qui, dans les assemblées, doit rester la règle souveraine de la décision. Or, plus il approchera de la vérité, de la justice, — autant que la vérité et la justice sont réalisables dans les choses humaines et surtout dans les choses électorales, — moins il donnera prise aux objections des adversaires et, par conséquent, plus il aura de chances d'aboutir promptement. (*Très bien! très bien!*)

Et nous pourrons alors, dans les années qui suivront, aborder la réforme administrative et la réforme judiciaire.

Nous pensons, nous avons toujours pensé que, si l'on doit gouverner avec son parti, il faut administrer pour tout le monde. (*Applaudissements.*)

Je vous demande de ne prêter à mes paroles aucune intention de polémique : je parle à un point de vue général, historique.

Lorsque tous les ressorts de l'administration, au lieu d'être tendus vers le bien public, vers l'intérêt général, sont tournés au triomphe d'un parti, il arrive toujours un moment, quelle que soit l'importance de ce parti, quels que soient les services qu'il ait rendus, où le nombre des mécontents dépasse le nombre des satisfaits. (*Applaudissements sur divers bancs.*)

Lorsque les places, les secours, les faveurs, au lieu d'aller là où ils doivent aller, c'est-à-dire au mérite ou à la pauvreté, servent à payer les services électoraux (*Applaudissements répétés*), un tel arbitraire n'est pas seulement en contradiction avec les principes républicains, il corrompt, il déprave le peuple, il fait à son cœur la pire des blessures, celle qui, en France surtout, ne se ferme jamais, celle de l'injustice. (*Nouveaux et vifs applaudissements.*)

Mais ici, je crains que la volonté des hommes ne suffise pas. Quelle que soit l'énergie d'un gouvernement, elle serait impuissante à guérir le mal, car le mal n'est pas seulement dans les passions humaines, il est dans les lois; il est dans le désaccord fondamental entre un système administratif créé il y a plus d'un siècle pour le pouvoir absolu d'un homme et le régime parlementaire (*Applaudissements à gauche et au centre*); il est dans ce paradoxe, dans cet anachronisme, qui consisté à vouloir faire vivre indéfiniment une République avec les institutions césariennes. (*Applaudissements à gauche et au centre.*)

Nous avons la République au sommet, l'Empire à la base : il s'agit de mettre la République partout. (*Vifs applaudissements à l'extrême gauche, à gauche et au centre.*)

Depuis la chute de Napoléon Ier, tous les partis, après avoir réclamé la réforme administrative quand ils étaient dans l'opposition, l'ont tour à tour repoussée quand ils étaient au pouvoir. (*Applaudissements.*)

Grave erreur : car cette excessive centralisation, au lieu de garder les gouvernements, les expose, et le danger est encore plus grand sous la République, parce qu'on cherche à fortifier le régime par des moyens contraires à son esprit. (*Applaudissements à gauche et au centre.*)

L'opinion publique se montre souvent sévère pour les députés. Mais quoi ! Nous sommes assiégés de toutes parts. Repoussons-nous les sollicitations? on nous accuse de négliger les intérêts de nos commettants. Cherchons-nous à leur rendre service? nous voyons aussitôt se lever contre nous tous les rivaux de ceux que nous avons obligés, une armée de mécontents.

Finissons-en : donnons à l'administration française ce que possède, depuis quarante ans, une administration voisine : une charte, fixant les devoirs et les droits des fonctionnaires, — nomination, avancement, déplacement, discipline, révocation, — non par des règlements épars et précaires, mais par l'autorité souveraine de la loi. (*Applaudissements à gauche et au centre.*)

Élevons une barrière, qui mette le ministre à l'abri de la sollicitation parlementaire, le député à l'abri de la sollicitation électorale, le fonctionnaire à l'abri de l'injustice. (*Vifs applaudissements.*)

M. Jules Delahaye. — Vous ne le ferez jamais, parce que le jour où vous le feriez, la République serait morte.

M. Jules Delafosse. — Il faudrait reviser la Constitution, pour cela.

M. Paul Deschanel. — Surtout, donnons moins de place aux fonctionnaires, et plus de place aux citoyens. (*Applaudissements.*) Ayons, une bonne fois, le courage de choisir entre un système de gouvernement qui consiste à tenir la France au bout du fil télégraphique, et un système de gouvernement qui consiste à stimuler les initiatives, à éveiller les énergies et les courages, à faire des hommes enfin! (*Nouveaux applaudissements.*)

L'admirable développement de certaines universités montre ce qu'on peut attendre de ces nobles activités locales, qui ne demandent qu'à prendre leur essor, pourvu qu'on ne les étouffe pas sous le poids d'une excessive tutelle. (*Applaudissements.*)

D'ailleurs, est-ce que cette grande refonte administrative n'est pas liée à la situation de nos finances? La France, comme tous les grands États, est obligée de faire face au double effort des dépenses sociales et de la sécurité nationale. Il faut donc supprimer toute dépense inutile et, parmi les dépenses inutiles, celles d'un appareil suranné.

Certes, il sera bon, je crois, de rénover nos méthodes budgétaires en échelonnant certaines dépenses extraordinaires sur plusieurs exercices et en gérant mieux nos budgets industriels, à la condition de ne pas toucher à l'unité et à la sincérité de nos budgets; mais si, de tous les peuples, la France est celui qui, par son incomparable crédit, par cette richesse toujours croissante qui fait l'envie des autres nations, peut le mieux soutenir l'effort nécessaire, c'est à la condition de simplifier d'abord le formidable outillage que nous a légué un monde disparu.

Si nous voulons accomplir cette double tâche, la réforme électorale et la réforme administrative et judiciaire, nous devons éviter de la compliquer par la discussion de dispositions contestables et douteuses. Et, tout de suite, je demande la permission de faire quelques réserves sur une proposition qui a séduit, je le sais, d'excellents républicains, d'éminents esprits, mais qui soulève des objections très fortes : je veux parler du renouvellement partiel de la Chambre des députés et du mandat de six ans.

M. Jaurès. — Il faudra examiner cette question à part.

M. Marcel Sembat. — Et puis, les deux projets ne sont pas connexes.

M. Paul Deschanel. — C'est entendu ; je ne les

confonds pas ; je n'ai, d'ailleurs, que quelques observations très courtes à présenter, et je crois utile de le faire immédiatement. (*Parlez! parlez!*)

Autrefois, on s'était proposé, au moyen du renouvellement partiel, d'assurer la continuité du travail législatif. Mais, depuis que le Sénat, en 1894, a décidé que, même après la disparition de la Chambre, il resterait saisi des propositions votées par elle, et depuis que la Chambre, en 1903, a décidé que les rapports sur le fond déposés par les commissions d'une législature expirée pouvaient être repris et renvoyés aux commissions de la Chambre nouvelle, cette considération a perdu sa valeur, car ces dispositions suffisent à sauver les propositions utiles. Quant aux autres, il est bon, il est même nécessaire qu'elles tombent, sans cela il se produirait à la longue un encombrement dont la Chambre n'aurait plus aucun moyen de sortir. Il y a un moment où il faut bien couper.

Mais la vraie question n'est pas là. Il y a ici un problème très grave, quasi constitutionnel.

La Chambre des députés, à la différence du Sénat et à la différence des assemblées départementales, a une fonction essentielle : elle tient dans ses mains le sort des ministères et, par là, elle oriente la politique du gouvernement. Cette orientation, elle-même doit la recevoir du pays tout entier, qui doit pouvoir juger l'œuvre d'une législature, responsable devant lui. (*Applaudissements sur divers bancs à gauche.*) Il faut donc un verdict d'ensemble; il faut qu'une revue générale des forces en présence permette de mesurer l'état de l'opinion publique et la situation respective des partis. Il faut que, si la majorité a changé dans le pays, la majorité puisse changer dans la Chambre. Or, cela est impossible avec le renouvellement partiel. Les élections générales sont le vrai ressort du gouvernement parlementaire.

Et en même temps que nous touchons ici à l'essence du gouvernement parlementaire, nous touchons à l'essence de la souveraineté nationale.

La souveraineté réside dans l'universalité des citoyens, dans la nation tout entière, non dans une partie de la nation. Une fraction du peuple ne peut répondre au nom du peuple entier. La nation doit pouvoir faire connaître pleinement sa volonté, et cette volonté doit être obéie. Une consultation partielle ne saurait avoir la même autorité. Il y aurait là une restriction, une diminution de la souveraineté nationale.

N'affaiblissons pas cet appel à l'opinion totale, qui est la plus forte garantie des libertés publiques; ne fragmentons pas le suffrage universel. Le seul moyen de contrôle de nos actes, c'est l'élection; l'électeur ne peut exercer ce droit que de loin en loin, à de rares intervalles, à la seule minute où il dépose son bulletin dans l'urne; ce droit, ne le réduisons pas!

D'ailleurs, est-ce que l'épreuve n'a pas été faite? Est-ce que nous ne l'avons pas recommencée à plusieurs reprises, sous le Directoire, sous le premier Empire, sous la Restauration? Est-ce qu'elle n'a pas toujours misérablement échoué, et au milieu de quelles crises, de quelles convulsions? Aussi — à part la Belgique, qui l'avait introduite en 1831, mais avec le suffrage restreint le plus étroit, — tous les États à gouvernement parlementaire se sont-ils bien gardés de l'adopter.

On comprend, à la rigueur, qu'au moment du boulangisme, des républicains aient essayé — ils ne s'en cachaient pas — d'élever une série de digues contre un courant périlleux et de briser le flot qui les menaçait. D'ailleurs, à cette époque, les dispositions réglementaires dont je viens de parler n'existaient pas.

Et puis, il n'était pas question alors de représentation proportionnelle. La proportionnelle a pour effet, en suivant avec plus de précision et de finesse les mouvements du corps électoral, de rendre les oscillations du pendule plus lentes, moins amples.

Le renouvellement partiel superposé à la proportionnelle, ce serait l'engourdissement de la vie publique; ce serait l'enlisement; non plus les petites mares, mais la grande mare stagnante, d'où la France, j'en ai peur, ne pourrait plus se tirer que par des commotions analogues à celles du 18 brumaire ou de 1830. (*Vifs applaudissements.*)

Mais ce n'est pas tout : avec le renouvellement partiel, on nous propose le mandat de six ans.

Toutes les fois qu'on a essayé le renouvellement partiel, il était accompagné de mandats plus courts; et à l'inverse, lorsque le mandat était plus long, comme sous le second Empire, on donnait comme compensation au suffrage universel le renouvellement intégral.

Mais c'est la première fois qu'un projet gouvernemental propose tout à la fois et le renouvellement partiel et la prolongation du mandat.

La durée du mandat a toujours été un des principaux caractères des régimes politiques. Dans les pays monarchiques, le terme préféré est de cinq ans; là où il est plus long, comme en Angleterre, il est, en fait, abrégé par la dissolution. Dans les républiques, il est plus court. Allonger le mandat des députés, c'est restreindre le droit des électeurs; c'est éloigner le mandataire du mandant. D'ailleurs, de la durée du mandat il n'a pas été question devant le pays. (*Vifs applaudissements au centre, à gauche, et à l'extrême gauche.*)

Prenons garde de céder à un penchant trop naturel et de nous laisser envahir par une sorte d'esprit de corps, qui aurait pour effet de nous écarter peu à peu du peuple au lieu de nous en rapprocher. (*Vifs applaudissements sur les mêmes bancs.*)

J'espère que la Chambre disjoindra un projet...

M. JAURÈS. — Très bien!

M. PAUL DESCHANEL. — ... qui, par le renouvellement partiel, nous ramènerait à l'an III, à l'an VIII et à 1814, et, par le mandat de six ans, au second Empire.

Quand elle aura écarté ces choses du passé — et je crois qu'il n'était pas inutile de faire entendre immédiatement ces observations préliminaires (*Très bien! très bien!*) — elle pourra se donner tout entière, avec le gouvernement, aux œuvres d'avenir.

La France a marqué clairement sa volonté. Elle a mis au-dessus de toute contestation la République et son œuvre, son œuvre de sécularisation et de progrès social. (*Applaudissements à gauche.*) Elle veut une politique nettement, hardiment démocratique et réformatrice. Elle a dispersé les restes des anciens partis.

En même temps, elle est résolue à défendre la liberté et la propriété individuelles, la liberté du travail, la liberté de l'enseignement privé sous le contrôle de l'État, les principes, les institutions et les forces sans lesquels une nation ne peut vivre. (*Très bien! très bien!*)

Elle veut plus d'équité dans la répartition de l'impôt, l'égalité des citoyens devant la loi, devant l'administration, devant la justice. (*Très bien! très bien!*)

Cette Chambre est la plus jeune qu'ait vue la troisième République. Nos nouveaux collègues apportent ici, avec l'air du large, de grands espoirs. Jamais Chambre, jamais gouvernement n'eurent devant eux tâche plus haute. Il dépend de vous d'ajouter par votre travail — et par de meilleures méthodes de travail — une page décisive à l'histoire de notre patrie. Vous ne faillirez pas à son espérance ! (*Applaudissements vifs et prolongés à gauche, au centre et sur divers bancs. — L'orateur, en retournant à son banc, reçoit les félicitations d'un grand nombre de ses collègues.*)

A NOGENT-LE-ROTROU[1]

Après les élections législatives et départementales de 1910, un banquet fut offert aux élus républicains de la circonscription. M. Paul Deschanel y prononça un discours dont voici quelques extraits :

Les organisateurs de ce banquet ont voulu faire œuvre d'union républicaine. Je les en remercie. L'union de toutes les forces démocratiques contre les forces de réaction et contre les forces d'anarchie, telle est, en effet, la politique nécessaire de la France.

Pourquoi, comment des républicains, qui, il y a quinze ans, il y a dix ans, étaient divisés sur

1. Discours prononcé le 23 octobre 1910.

des points essentiels, peuvent-ils aujourd'hui marcher unis, sans rien abdiquer, ni de leur conscience, ni de leur dignité, ni de leurs souvenirs? La journée est propice pour nous expliquer là-dessus en toute franchise.

Ce qui divisait les républicains.

Rappelez-vous, ô mes amis, les questions qui, longtemps, divisèrent les meilleurs, les plus grands des républicains.

C'était, par exemple, l'assemblée unique, la suppression de la présidence de la République et du Sénat; or, qui donc parle encore aujourd'hui de cette question autrefois si discutée? C'était l'élection des fonctionnaires et des juges par le peuple; or, qui ne voit que, lorsque nous ferons la réforme judiciaire, si nous voulons donner enfin à la France une justice de pays libre, nous devrons instituer une magistrature également indépendante, par ses origines, et du gouvernement et du justiciable?

Et, d'autre part, les plus illustres parmi les républicains, un Gambetta, un Jules Ferry, un Carnot, un Waldeck-Rousseau, étaient demeurés toujours attachés au régime concordataire, parce qu'ils croyaient y voir le meilleur moyen de défendre la société civile. Mais, un jour, la visite du Président de la République française à Rome et la protestation qui en fut la suite firent la Séparation dans les faits avant même qu'elle passât dans la loi. Et, lorsque l'article 4 eut été voté, un des hommes qui avaient le plus énergiquement combattu la loi, M. Ribot, put se retourner vers la droite et lui dire : « Non! vous n'avez pas le droit de prétendre que cette loi soit une loi de persécution! »

Ce qui les rapproche aujourd'hui.

Qu'est-ce à dire, mes chers Concitoyens, sinon que, sur certains points essentiels où les meilleurs républicains furent longtemps divisés, ils ne le sont plus aujourd'hui? Les faits, l'expérience, l'histoire, la vie enfin, plus souples que les théories et les systèmes, plus forts que la volonté, les partis pris, les passions des hommes, ont fait peu à peu leur œuvre et fondu ensemble des éléments jadis réfractaires.

Il en a été de même dans l'ordre des questions sociales.

Tout le monde, à l'heure qu'il est, — même les plus éclairés parmi les socialistes, — tout le monde reconnaît que le mouvement économique, l'évolution de la propriété ne s'accomplissent pas comme l'avaient cru les docteurs du collectivisme; que la propriété, au lieu de se concentrer dans un nombre de mains de plus en plus restreint, se dissémine au contraire en des mains de plus en plus nombreuses. Et, c'est ainsi que, pour s'accommoder aux faits, les collectivistes ont été obligés d'adopter pour les campagnes, pour la terre, un programme spécial en contradiction avec leurs principes et de se mettre, eux aussi, comme nous, à défendre cette petite propriété rurale dont ils avaient d'abord rêvé la suppression.

C'est ainsi que, il y a quelques semaines, au Congrès de Copenhague, ils adoptaient la coopération, cette coopération qui, pourtant, n'a rien de commun avec le collectivisme, puisqu'elle implique la propriété individuelle, la concurrence et l'échange, et ils rendaient ainsi, une fois de plus, un hommage involontaire à nos idées et à nos œuvres.

Et enfin, est-ce que les événements dont nous avons été les témoins depuis plusieurs années et hier encore, n'ont pas rapproché de nous des hommes qui avaient commencé par être de nous le plus éloignés?

Vieilles étiquettes et politique nouvelle.

Tels sont quelques-uns des changements profonds qui se sont accomplis en ces dernières années dans la politique française. Aussi les vieilles étiquettes ne correspondent-elles plus à la réalité.

Tous les républicains pénétrés de l'esprit novateur, tous ceux qui ont une haute idée de la dignité du travail manuel, tous ceux qui veulent ardemment le progrès démocratique et social ont, quel que soit le fanion qu'ils portent, le visage tourné du même côté. Ils veulent mettre les travailleurs en état de remplir les destinées plus hautes auxquelles ils aspirent et que nous voulons pour eux...

SUR LA POLITIQUE EXTÉRIEURE[1]

Pendant ces derniers mois, du côté du Maroc et du côté de l'Extrême-Orient, la situation s'est détendue.

Au Maroc, le temps a apaisé les choses. L'accord franco-allemand a amené l'accord franco-marocain, qui met hors de contestation nos intérêts spéciaux dans l'ouest de l'Afrique.

Il appartient maintenant à notre diplomatie de nous y assurer, au moyen de ces accords, le développement d'influence pacifique et la tranquillité plus grande qu'ils peuvent nous promettre.

1. Lettre au *Temps*, 28 décembre 1910.

Nos engagements internationaux nous commandent une collaboration loyale et efficace avec le maghzen, dont nous sommes désormais les conseillers autorisés. Nous pourrons, d'accord avec lui et avec notre voisine et amie l'Espagne, réduire peu à peu les charges et développer les profits de notre action, en accomplissant la mission que l'Europe nous a confiée.

D'autre part, en Extrême-Orient, l'accord russo-japonais est venu dissiper les dernières chances de froissement entre les adversaires d'il y a cinq ans. Par là, il a rendu à la Russie une liberté plus grande et lui a permis de reparaître dans la politique européenne. C'est un résultat considérable et l'accord ne peut qu'ajouter un nouveau poids moral à la triple entente en améliorant les heureuses relations entre la France, l'Angleterre, la Russie et le Japon.

L'horizon s'est donc éclairci du côté du Maroc et du côté de l'Extrême-Orient. Mais cette amélioration a permis aux puissances de reporter leur attention sur d'autres problèmes, sur ce que j'appellerai les difficultés classiques de la diplomatie européenne, — la question d'Orient.

La France avait salué avec enthousiasme la révolution jeune-turque. Peut-être n'avait-elle pas assez senti le caractère essentiellement nationaliste de cette révolution. Peut-être n'avait-elle pas attaché assez d'importance à ce fait, que les intérêts de la Russie, son alliée, n'ont pas toujours concordé avec ceux de la Turquie, et que naturellement les puissances de l'Europe centrale essayeraient de tirer parti de ces divergences pour reprendre pied à Constantinople.

Mais n'allons pas maintenant, comme on le fait trop souvent en notre pays, nous jeter d'un extrême à l'autre. Savons-nous ce que demain nous réserve? Bien que le nouveau gouvernement paraisse incliner en ce moment vers les puissances germaniques pour contrebalancer l'influence du slavisme et de l'hellénisme et parce qu'il trouve en elles un appui à Bucarest, l'intérêt supérieur de la Turquie est de ne lier partie avec aucune puissance et de rester en bons termes avec toutes. Nous devons penser que cette ligne de conduite sera celle qu'adoptera son gouvernement.

Comment se passerait-elle longtemps du concours de la France? Elle sait que, par la situation même que nous font la géographie et l'histoire, nous ne pouvons pas ne pas être désintéressés; elle sait qu'à nos yeux, — et la conduite de la France dans l'affaire de Crète et dans la crise hellénique en est une preuve nouvelle, — l'indépendance et l'intégrité de l'empire ottoman sont les meilleures garanties de la paix, et que c'est à la paix que nous tenons d'abord, non seulement parce qu'elle est indispensable au développement de nos grands intérêts économiques, financiers, moraux dans le Levant, mais aussi et surtout parce qu'une guerre en Orient pourrait amener de nouveaux changements dans la carte de l'Europe, au détriment de l'équilibre et par conséquent de notre sécurité.

Le crédit de la France est une arme incomparable, qui doit rester au service de sa politique. Nous ne saurions permettre qu'elle soit tournée, directement ou indirectement, contre les intérêts de la France et contre la cause même de la paix. Cependant il ne faudrait pas, à mon sens, exagérer cette sorte de nationalisme financier, car nous devons éviter tout ce qui pourrait avoir même l'apparence d'une immixtion dans la politique des gouvernements étrangers. Je ne sais si, dans les négociations relatives à l'emprunt, notre diplomatie n'a pas considéré trop exclusivement le côté financier de l'affaire, au lieu de la lier, d'accord avec les autres puissances de la triple entente, à un vaste programme de développement économique et de mise en valeur de l'empire ottoman. Le gouvernement s'expliquera là-dessus, il nous dira dans quelle mesure ces considérations diverses ont pesé sur son esprit et déterminé ses actes.

Ce qui est certain, c'est que l'objectif essentiel de la diplomatie française en Orient doit être le maintien de la paix dans les Balkans; c'est que jamais il n'a été plus nécessaire d'apporter aux affaires orientales une attention vigilante; c'est que jamais l'unité, la cohésion n'ont été plus indispensables à la diplomatie de la triple entente. Que de fois, en effet, la question d'Orient n'a-t-elle pas servi, au cours de l'histoire, à diviser la France et la Russie, la Russie et l'Angleterre! Certes, ce jeu serait aujourd'hui moins facile, car l'alliance française et l'entente britannique sont désormais les pierres angulaires de la politique russe, comme l'alliance russe et l'entente anglaise sont les pierres angulaires de la nôtre. Mais encore faut-il, pour que ces combinaisons produisent tous leurs effets et acquièrent leur maximum de force, que l'action des puissances qui y sont engagées ne soit pas dispersée en plusieurs directions.

S'il est naturel et légitime que les puissances d'un groupement traitent avec les puissances de l'autre groupement en toute loyauté, au grand jour, des intérêts qui leur sont communs, afin d'aplanir les difficultés et de prévenir les conflits, il faut prendre garde de laisser traverser la politique d'un système par celle de l'autre système, car on risquerait de faire naître l'obscurité et la méfiance là où doivent régner la confiance et la clarté.

La théorie de la pénétration réciproque des groupements ne manque pas de grandeur; elle n'a pas été, à certaines heures, sans utilité; mais j'imagine que ceux-là même qui désirent la voir se réaliser admettent que nous devons travailler en premier lieu à accroître la force et la solidité du système auquel nous appartenons.

Or, si nous tournons les yeux vers l'Angleterre, nous constatons qu'aujourd'hui, de l'autre côté du détroit, les esprits les plus clairvoyants, — soldats, comme lord Roberts et lord Kitchener; marins, comme lord Charles Beresford; unionistes, comme M. Balfour et lord Lansdowne; libéraux, comme M. Haldane; socialistes même, comme Blatchford, — signalent avec une énergie croissante le contraste entre la diplomatie de la Grande-Bretagne, qui est devenue, pour la première fois dans son histoire, en quelque sorte continentale, et son système de défense, qui est resté insulaire, et s'accordent à reconnaître la nécessité d'un effort.

Et, d'autre part, si nous tournons les yeux vers la Russie, quelle cause d'affaiblissement, encore une fois, pour la triple entente, si, au moment où nos alliés reprennent leur situation en Europe, de nouvelles complications venaient à surgir en Orient ou si de nouveaux changements dans l'équilibre venaient à s'y produire !

La France a donc un grand devoir européen à remplir, — et ici, je ne parle plus seulement du maintien de la paix, car, même en pleine paix, l'histoire d'hier le montre encore, les rapports entre les puissances peuvent se modifier, et une nation, tout en restant la même, peut en réalité être affaiblie ou diminuée lorsque d'autres se fortifient ou s'agrandissent auprès d'elle, — je veux parler d'une politique assez serrée, assez coordonnée, assez ferme, pour prévoir toutes les éventualités, — elles ne sont pas en nombre infini, — pour éviter les surprises, et non seulement pour épargner à son propre pays les fausses directions et les écarts, mais pour s'efforcer de les épargner aussi à ceux dont la présence, la clairvoyance et la force importent à l'indépendance de l'Europe et à notre commune grandeur.

La France a une tâche sacrée à poursuivre.

C'est l'honneur et l'originalité de son rôle historique, que sa cause se confonde avec celle de la justice. Certes, l'affaire de Hull et l'affaire de Casablanca ont été déjà, pour la cause de la justice internationale, de grands succès, bien faits pour arrêter le sourire sur les lèvres des sceptiques. Mais, à défaut de sanctions internationales, combien serions-nous coupables de négliger d'abord les autres, je veux dire les sanctions nationales, celles qu'un État est à même d'imposer par sa propre autorité ! Si elles avaient toujours pu être appliquées, si la politique aveugle de certains gouvernements ne les avait pas laissé défaillir, de grands drames ne pèseraient pas aujourd'hui sur le monde.

Soyons donc forts et unis, nous et nos alliés ; fortifions sans cesse la France, matériellement et moralement, afin que toujours, à travers toutes les combinaisons possibles de l'avenir, elle puisse, dans la plénitude de son indépendance et de sa dignité, mettre son génie au service du droit.

TABLE DES MATIÈRES

B — 7881. — Libr.-Impr. réunies, 7, rue Saint-Benoît, Paris.

www.ingramcontent.com/pod-product-compliance
Ingram Content Group UK Ltd.
Pitfield, Milton Keynes, MK11 3LW, UK
UKHW020558230726
13926UKWH00005B/2081

9 782016 118290